Moin,

mehr als 1700 km Küstenlinie hat Mecklenburg-Vorpommern, das entspricht etwa der Entfernung von Rostock nach Rom! Und was mich so begeistert: Es gibt immer noch völlig naturbelassene Strände, wie etwa im Klützer Winkel, an denen man auch im Sommer ein stilles Plätzchen findet. Und das obwohl Mecklenburg-Vorpommern in Sachen Tourismus ein Rekordjahr nach dem anderen erlebt – alle wollen an die Ostseeküste. Das galt auch oder gerade im Coronajahr 2020.

STILVOLLE BADEORTE — ALTE HANSESTÄDTE

Weniger ruhig geht es in den traditionsreichen Badeorten auf Rügen und Usedom oder auch in Heiligendamm und Kühlungsborn mit der harmonischen Bäderarchitektur zu, wo reges Strandleben und auch Kultur Urlauber begeistern. Viele Sehenswürdigkeiten und Museen locken in die Hansestädte Rostock, Greifswald, Anklam, Wismar und Stralsund, die beiden letzteren sind sogar UNESCO-Welterbestätten.

FASZINATION ZU JEDER JAHRESZEIT

Unsere Autorin Dina Stahn reist besonders gern im Herbst und Winter an die Ostsee – nicht zuletzt, um dann die Vogelwelt in den Nationalparks intensiv beobachten zu können. In der Rubrik „Ja natürlich" stellt sie ihre schönsten Naturerlebnisse an Mecklenburg-Vorpommerns Ostseeküste vor.
Herzlich

Ihre
Birgit Borowski

Birgit Borowski
Programmleiterin DuMont Bildatlas

Sandfiguren kreieren? Dazu bietet jeder Ostseestrand ausreichend Gelegenheit. Der Fotograf Olaf Meinhardt hat sie gerne genutzt. Er stammt aus Kreuzkamp bei Lübeck und kennt die Ostsee seit seiner Kindheit.

KUNSTMUSEUM AHRENSHOOP

Über **125 Jahre KÜNSTLER-KOLONIE** erleben

Malerei Dörte Helm
Paul Müller-Kaempff   Alfred Partikel
Gerhard Marcks **Skulptur**
Elisabeth von Eicken
Workshops Carl Malchin
Wolfgang Mattheuer **Grafik**
Architektur
Dora Koch-Stetter   Lyonel Feininger
Ausstellungen

kunstmuseum-ahrenshoop.de

Weg zum Hohen Ufer 36
18347 Ostseebad Ahrenshoop
Telefon 038220 66790

38
Viel Handarbeit:
beim Strandkorbmacher

96

Usedoms weite Strände bilden eine Kategorie für sich.

54

Ein Kleinod: die Kreidefelsen von Rügen

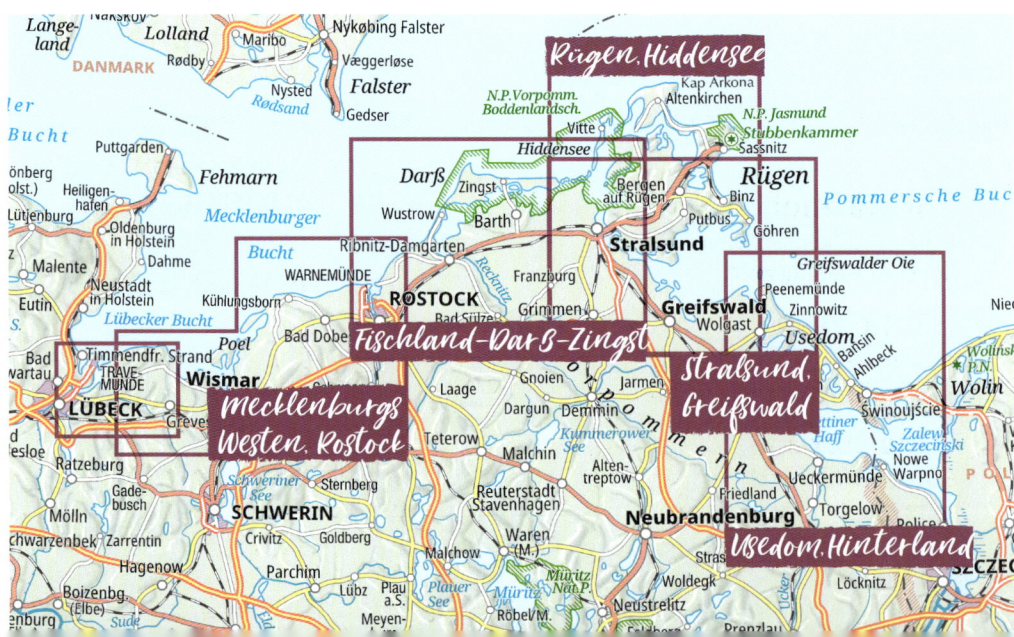

INHALT

Impressionen

8 Herzlich willkommen! Zur Einstimmung zeigen wir Ihnen hier einige der schönsten Seiten der Region.

Mecklenburgs Westen + Rostock

24 **ZWISCHEN TRAVE UND WARNOW**
Meeresweiten und weißer Ostseesand versprechen erholsame Urlaubstage. Die Hansestädte strahlen Lebensfreude aus.

ZUR SACHE
38 **LOBLIED AUF EIN STRANDMÖBEL**
Wo Strandkörbe stehen, ist auch die Zivilisation nicht weit. An der Ostsee wurden sie erfunden.

40 **STRASSENKARTE | INFOS | JA NATÜRLICH**

Fischland-Darß-Zingst

44 **VON KÜNSTLERN UND KRANICHEN**
Wind und Wellen formen die Halbinsel Fischland-Darß-Zingst. Zehntausende von Kranichen machen alljährlich in der Boddenlandschaft Zwischenstation.

ZUR SACHE
54 **DIE WELT AM BOD(D)EN**
Zeitgleich mit der Wiedervereinigung wurden drei große Schutzgebiete für die Natur an der Ostsee ausgewiesen.

58 **STRASSENKARTE | INFOS | JA NATÜRLICH**

Unsere Favoriten

Schiff ahoi!
Die schönsten Schiffstouren an der Ostseeküste

Tolle Feste
Im März läuten die Heringstage den Beginn der Festsaison ein.

Bio-Hotels
Ruhiger Schlaf auch fürs Öko-Gewissen

Stralsund und Greifswald

62 **IM ZEICHEN DER HANSE**
Stralsund und Greifswald gehörten zu den bedeutendsten pommerschen Hansestädten.

ZUR SACHE
72 **EIN UFO AM STRAND**
Backsteingotik und Bäderarchitektur sind die architektonischen Höhepunkte an der Ostseeküste. Auch im 20. und 21. Jahrhundert wurden (und werden) neue Akzente gesetzt.

74 **STRASSENKARTE | INFOS | JA NATÜRLICH**

Rügen und Hiddensee

78 **INSELZAUBER**
Rügen, Deutschlands größte Insel, ist das beliebteste Ziel an der Ostseeküste und ideal für einen Sommerurlaub, für Naturbeobachtungen und als Ort der Inspiration. Das kleine Hiddensee gibt sich als Schönheit mit sprödem Charme.

92 **STRASSENKARTE | INFOS | JA NATÜRLICH**

Usedom und Hinterland

96 **DIE DEUTSCHE SONNENINSEL**
Usedom zählt zu den Gebieten mit den meisten Sonnenstunden in Deutschland. Markant wirkt der Kontrast zwischen den touristisch-quirligen Seebädern und dem ruhigen Hinterland.

ZUR SACHE
106 **EIN AUSFLUG NACH POLEN**
Eine schöne Tagestour führt über die deutsch-polnische Grenze bis nach Swinemünde und weiter.

110 **STRASSENKARTE | INFOS | JA NATÜRLICH**

Anhang

116 **HILFREICH & NÜTZLICH**
119 **REGISTER, IMPRESSUM**
120 **URLAUB ERINNERN**
122 **LIEFERBARE AUSGABEN**

UNSERE TOP-10

Das Beste erleben

Berührend, aufregend und spannend …
sind unsere Ideen, die wir für Ihren Aufenthalt
an der Ostseeküste zusammengetragen haben.

Grüne Wunder

* 1 *
RÜGENS KREIDEFELSEN

Die hoch aufragenden Kreidefelsen am Königsstuhl lassen Maler und Urlauber damals wie heute nicht unberührt. Der Wald schiebt sich wie eine grüne Kappe bis an die weißen Klippen, unten wogt Tag und Nacht das Meer.
Seite 94

* 2 *
AUF DER PEENE

Mit Kajak, Kanu und Hausboot
kann man die einzigartige Flusslandschaft
der Peene in aller Ruhe erkunden.
Biber-Anblick möglich!
Seite 113

* 3 *
NATIONALPARK VORPOMMERSCHE BODDENLANDSCHAFT

Wind und Wellen verwandeln die Landschaft am Darß ständig, türmen den feinen weißen Sand erst auf, dann nehmen sie ihn wieder mit. Auf der Landseite breitet sich die sanfte Boddenlandschaft aus. Und überall Vögel!
Seite 54, 61

Kleiner Genuss

* 4 *
AHRENSHOOPER IDYLLE

Malerisch zeigt sich das Ortsbild mit rohrgedeckten Häusern, blumenreichen Gärten und Gassen.
Seite 60

* 5 *
OTTO-LILIENTHAL-MUSEUM

Dieses Museum in Anklam macht auch Kindern Spaß. Viel Spielerisches rund ums Fliegen, Flugmaschinen aller Art mit Otto Lilienthals Flugapparat im Mittelpunkt.
Seite 112

UNSERE TOP-10
6—7

Frischer Schwung

∗ 6 ∗
ROSTOCKER HANSE SAIL

Beim größten Windjammertreffen der Welt locken über 200 Groß- und Traditionssegler. Das zweite Augustwochenende also vormerken!
Seite 43

∗ 7 ∗
KLOCKENHAGENS FREILICHTMUSEUM

Wie lebte es sich vor 200 oder gar 300 Jahren? In Klockenhagen bekommt man das nicht nur museal, sondern auch zum Miterleben präsentiert.
Seite 59

Große Kunst

∗ 8 ∗
WISMAR UND STRALSUND

Backsteingotik und mehr: Die Altstädte der einstigen Hansemetropolen zeigen viel Mittelalterliches auf Welterbe-Niveau.
Seite 41 und 75

∗ 9 ∗
DOBERANER MÜNSTER

Die hochgotische Backsteinkirche gilt als bedeutendstes mittelalterliches Bauwerk in Mecklenburg-Vorpommern.
Seite 41

∗ 10 ∗
BINZ UND KAISERBÄDER

Viel mehr als nur eine Strandkulisse: Die Strandbäder auf Rügen und Usedom haben ihre wunderschöne traditionelle Bäderarchitektur erhalten.
Seite 94 und 111

SOMMER AN DER SEE

In Blau, Weiß und Grün kleidet sich der Sommer an der Ostsee. Viele Küstenabschnitte sind flach und wie hier beim Ostseebad Baabe auf der Insel Rügen sehr gut zu überschauen.

EIN TRAUM IN ROT

Nordische Backsteingotik in edelster Ausführung zeigt das Rathaus am Marktplatz von Stralsund. Als Beispiel für das kulturelle Vermächtnis der Hanse zählt Stralsunds Altstadt zum UNESCO-Welterbe.

VOM ZAUBER DER KÜSTE(N)

Deutschlands nordische Küsten stehen in der Gunst der Reisenden ganz oben. Attraktiv sind Rügens Kreidefelsen und Usedoms Sonnenscheinrekorde. Viele Kilometer Strand locken Badegäste, Bernsteinsucher und Spaziergänger, auch hier in Warnemünde.

GIGANTEN DER MEERE

Das Ozeaneum in Stralsund lädt zu einer großartigen Reise durch die Unterwasserwelt ein. Besucher erleben hier die weltgrößte Ausstellung zum Thema Wale – mit Nachbildungen in Originalgröße.

DAS ERBE DER WELT

Das historische Hafenbecken in Wismar vermittelt ein authentisches und prachtvolles Bild vom Rückgrat dieser ehemaligen Hansestadt. Auch ihre Altstadt zählt zum UNESCO-Welterbe.

IM HINTERLAND

Nur wenige Kilometer von der Küste entfernt lässt der Touristenandrang deutlich nach (Foto: Windmühle Benz auf Usedom). Am Achterwasser und Stettiner Haff, im Peene- und Recknitztal dominiert die Natur.

VOM STRANDKORB ZUR SEEBRÜCKE

Ein Markenzeichen der Ostsee-Badeorte sind die Seebrücken (Foto: Sellin). Am Abend verlieren sich die Spuren der Urlauber, Strandkörbe werden zurechtgerückt, und das Meer holt sich die Sandburgen zurück.

UNSERE FAVORITEN

Die schönsten Schiffstouren

HINAUS AUFS WASSER

Die vielen Seiten der Ostseeküste erlebt man besonders gut vom Boot aus: hier die raue, offene See, dort das ruhige Gewässer der Boddenküsten. Wer nicht selber segeln oder rudern mag, fährt auf Fischkuttern, Segelbooten, Ausflugsdampfern und eleganten Schonern mit. Besonders spannend wird's, wenn die Skipper ihre Geschichten erzählen.

❶ Zu den Kreidefelsen

Die schönste Sicht auf die Kreidefelsen von Rügen hat man vom Meer aus. Wer mit dem rustikalen, zum Ausflugsschiff umgebauten Fischkutter MS Alexander ab Sassnitz in See sticht, schippert in gut zwei Stunden die gesamte neun Kilometer lange Kreideküste entlang und wieder zurück. Der Höhepunkt sind die Wissower Klinken, denen der Maler Caspar David Friedrich ein bleibendes Denkmal gesetzt hat. Abschluss bilden Victoria-Sicht und Königsstuhl. Rügen-Fans fahren zum berühmten Kap Arkona oder buchen eine ca. zehnstündige Fahrt rund um die Insel mit den Adler-Schiffen. Sie starten in Sassnitz, zusteigen kann man in Binz, Sellin und Göhren.

MS Alexander, Seetouristik Brauns GmbH, Karlstraße 1, 18546 Sassnitz, Tel. 038392/3 52 25, www.ms-alexander.de

Adler-Schiffe, Hafenstraße 12, 18546 Sassnitz, Tel. 0383/92 31 50, www.adler-schiffe.de

❷ Kranich ahoi

Bei jedem Wetter stechen Naturfreunde im Herbst von Zingst (Mi., Fr.), Schaprode (Di., Do.) oder Stralsund (Sa.) zu Kranichfahrten in See. Die Reise durch die einzigartigen Boddengewässer dauert etwa vier Stunden. Während der ca. einstündigen Anfahrt zu den besten Beobachtungspunkten erläutert Karsten Peter vom Kranich-Informationszentrum Groß Mohrdorf multimedial unterstützt alles Wissenswerte rund um die Glücksvögel. Kommen die ersten Kraniche in Sicht, werden zur Beobachtung die Ferngläser gezückt. Die seichten Boddengewässer sorgen für eine natürliche Barriere, sodass kein Boot den empfindlichen Vögeln zu nahe kommen kann. Die Touren sind sehr beliebt (rechtzeitig buchen!). Ferngläser können ausgeliehen werden.

Reederei Hiddensee GmbH, Achtern Diek 4, 18565 Vitte/Hiddensee, Tel. 03831/2 68 10, www.reederei-hiddensee.de, Mitte Sept.–Ende Okt.

❸ Segeltörn in der Wismarer Bucht

Der Traditionssegler SS Atalanta ist eine echte Schönheit. Einst diente der 1901 erbaute schnittige Schoner als Lotsenschiff in der Nordsee. Heute betreibt ihn ein Förderverein, der selbst eingefleischte Landratten fürs Segeln begeistert. Die Törns starten ab Wismar bzw. Rostock. Auch zur Hanse Sail nimmt die Atalanta Passagiere mit.

Förderverein Schoner Atalanta e.V., Am Westhafen 5, 23966 Wismar, Tel. 03841/33 41 44 www.ss-atalanta.de

UNSERE FAVORITEN
22 — 23

④ Auf See-tierfang

Was tut sich unter Wasser vor den Küsten von Usedom? Das wissen Fischer am allerbesten. Fischkutter Palucca nimmt Gäste mit auf den Fischzug. Die Mannschaft zieht für kurze Zeit ein Schleppnetz über den Grund und hievt alles, was sich darin fängt, aufs Deck. Knurrhähne, Flundern, Steinpicker, Seesterne, Sandklaffmuscheln, Krebse und Schnecken: Alles wird genau erklärt. Danach entlässt man die Tiere wieder ins Wasser. Eine schöne Tour auch für Kinder.

Adler-Schiffe GmbH & Co. KG, Seebrücke-Promenade 1, 17424 Ostseebad Heringsdorf, Tel. 038378/4 77 90, www.adler-schiffe.de

⑤ Blick auf die Weiße Stadt

Katamarane sind Segelboote mit zwei Rümpfen, die besonders flott auf dem Wasser unterwegs sein können. Ab Bootshafen Kühlungsborn sticht der erfahrene Skipper Jan Grunwald zwischen Mitte Juli und Mitte September jeden Tag auf dem Katamaran „Viamar" in See. Die zweistündige Tour führt entlang der Küste bei Kühlungsborn zur Weißen Stadt Heiligendamm, an deren Strand Spaziergänger ihre Spuren hinterlassen. Gäste können Champagner schlürfen oder es sich auf den Sonnensegeln gemütlich machen, Mutige steuern selbst.

Jan Grunwald, Holmblick 15, 18225 Kühlungsborn, Tel. 0172/3 04 74 71, www.viamar.de

⑥ Zu Wasser und zu Lande

Die Dampflok „Rasender Roland" ist eine Berühmtheit auf Rügen. Seit 1895 verbindet die Kleinbahn mehrere Seebäder auf der Insel miteinander. Kombiniert mit den Ausflugsschiffen der Weißen Flotte bietet die Tagestour „Wasser und Dampf" einen erstklassigen Eindruck von Deutschlands größter Insel. Man startet mit der Dampflok in Lauterbach. Zustieg ist bei den Zwischenstopps in Putbus, Binz und Sellin möglich, Ziel ist Baabe. Dort wartet schon die MS Sundevit auf die Passagiere und bringt sie in einer einstündigen Schiffstour entlang der Küste der Halbinsel Mönchgut nach Lauterbach zurück. Wer nicht in Lauterbach bleiben möchte, fährt nun mit der Dampflok nach Putbus, Binz, Sellin, Baabe oder Göhren weiter.

Tour „Wasser und Dampf", Weiße Flotte GmbH, Fährstraße 16, 18439 Stralsund, Tel. 03831/26 81 0, www.weisse-flotte.de

Mecklenburgs Westen + Rostock

*

ZWISCHEN TRAVE UND WARNOW

*

Wo Meer und weißer Ostseesand alle Möglichkeiten für einen erholsamen Urlaub bieten, symbolisieren Strandkörbe die Küstenregion. Das Hinterland gehört stillen Genießern, die zu Fuß oder mit dem Rad eine dünn besiedelte Landschaft erkunden. Urbane Zentren der Region sind bis heute die alten Hansestädte.

Zur Hanse Sail zeigt Rostocks Stadtfluss Unterwarnow einen Mastenwald wie zu alten Kaufmannszeiten.

Die Ostseestrände des Klützer Winkels wirken naturbelassen und weitläufig.
Hier an der Grünen Wiek findet man immer noch ein stilles Plätzchen.

In Boltenhagens Marina an der Weißen Wiek fühlen sich
auch die Fischer wohl.

Am Leuchtturm Timmendorf auf der Insel Poel hat die Seerettung einen Liegeplatz.

An der Weißen Wiek gibt Boltenhagen sich modern und großzügig, im Ortskern zeigt es aber noch sein traditionelles Gesicht.

IM FRÜHEREN JUNKERLAND HABEN SOMMERGÄSTE DAS REGIMENT ÜBERNOMMEN.

Blau, Grün, Rot sind die Farben von Mecklenburg-Vorpommern: Blau wie das Meer, grün wie der Wald und die Felder, rot wie der Backstein, aus dem viele Kirchen und Kaufmannshäuser errichtet wurden. Das Land hat, was in vielen anderen Gegenden Deutschlands fehlt: Raum zum Atmen, einen Himmel, über den noch Vogelschwärme ziehen, stille Seen, Naturlandschaft, wenig befahrene Alleestraßen, versteckte Dörfer. Kein anderes Bundesland ist so dünn besiedelt. Nur an der Küste nimmt die Zahl der Menschen im Sommer sprunghaft zu. Dann vibrieren die Seebäder vor Leben, und die vierte Charakterfarbe des Landes strahlt verlockend: das Weiß des Ostseesands.

ERFINDUNG DES SEEBADS

Zwischen Klützer Winkel und Warnemünde liegen eine ganze Reihe bedeutender Ostseebäder. „Ferien am Meer" wurden in der Mecklenburger Bucht quasi erfunden: 1793 eröffnete in Heiligendamm das älteste deutsche Seebad, gefolgt von Boltenhagen, wo 1803 der erste Badekarren den Beginn des Bädertourismus aufzeigte. Auch das heute größte Ostseebad liegt in Mecklenburg: Kühlungsborn. Und das jüngste: die Insel Poel, die sich erst seit 2005 mit dem Zusatz „Ostseebad" schmücken darf.

WISMAR AUS DER ASCHE

In Wismar ist die Stadtgeschichte nicht zu übersehen, so dominant setzen sich hier die Backsteinkirchen und Kaufmannshäuser in Szene. Einige der schönsten Bauten weisen auf die Hansezeit hin, die großen Wohlstand in die Stadt brachte. Ihre zweite Blüte erlebte die Stadt unter schwedischer Herrschaft, die immerhin von 1648 bis 1803 die Geschicke von Stadt und Umland lenkte. Den Spuren des Verfalls, die Weltkriegsschäden und DDR-Restaurierungstau mit sich brachten, wird mit immensem Aufwand Einhalt geboten. Man konserviert, saniert und restauriert; nach der Wende erlebte die Stadt eine beispiellose Renaissance. Doch wo soll man einen Schlusspunkt setzen? Soll jede zerstörte Kirche rekonstruiert werden? Lange rang man um den Umgang mit der Marienkirche – und entschied sich gegen die Rekonstruktion. Nur der schwarzbraune Turm erhebt sich noch und spiegelt Weltkriegswahn wie DDR-Willkür. Denn das Kirchenschiff sprengte man im Jahr 1960, allen Protesten der Bevölkerung zum Trotz.

VERKAUFTE INSEL

In Rerik am Salzhaff geschehen seltsame Dinge. Als in der Goldgräberstimmung nach der Wende Investoren und Spekulanten ins Land strömten, wechselte auch

Wismars Gotteshaus St. Nikolai hat eines der höchsten Kirchenschiffe der deutschen Gotik (oben links). Hinter dem Alten Hafen ragt der mächtige Bau von St. Georgen auf (oben rechts). Das bald 300-jährige Baumhaus an der früheren Einfahrt in den Wismarer Hafen schmücken zwei Schwedenköpfe (unten links). Das spätgotische Wassertor am Hafen ist das letzte von einst fünf Stadttoren in der Mauer des 15. Jahrhunderts; dahinter sieht man den Turm der Marienkirche (unten rechts).

Zu Beginn des 17. Jahrhunderts entstand auf dem Wismarer Markt die Wasserkunst, ein Brunnenpavillon. Dahinter zeigt sich der backsteinerne „Alte Schwede".

VERGLICHEN MIT DEM SO LÄNDLICHEN UMFELD WIRKT DAS SEHR ÜBERSCHAUBARE WISMAR GERADEZU WIE EINE GROSSSTADT.

die Rerik vorgelagerte Halbinsel Wustrow den Besitzer. 1998 ging das ehemalige Militärgelände der Nationalsozialisten an die Unternehmensgruppe Fundus, laut Medienberichten zum Schnäppchenpreis von 7,55 Millionen Euro. Die Räumung von Munition bezahlte der Bund. Fundus will die alte Militärsiedlung abreißen und eine Ferienanlage der Luxusklasse bauen mit Marina, Reitgelände und allem, was das Herz einer betuchten Kundschaft erfreut. Rund 2000 Menschen sollen sich hier in der Hochsaison erholen – was der Gemeinde Rerik gar nicht passt. Denn der Weg nach Wustrow führt mitten durch den Ort; man fürchtet Lärm und Autoverkehr zum Schaden der Anwohner und der eigenen Feriengäste. Deshalb sperrte die Gemeinde kurzerhand die Zufahrt zur Halbinsel für den Autoverkehr. Und als Baulaster und Bagger nicht mehr rollen konnten, sperrte der Investor im Gegenzug die Öffentlichkeit aus und trennte Wustrow mit einem Zaun von Rerik ab. Wenn zwei sich streiten, freut sich der Dritte – das ist in diesem Fall die Natur, die sich hinterm Zaun Stück um Stück Territorium zurückholt. Die Häuser der Militärs verfallen. Seeadler, Neuntöter und die seltenen Sperbergrasmücken siedeln sich an. Wustrow versinkt wie Dornröschens Schloss hinter einer grünen Wand, ungehindert wächst und wuchert es hier, bröckelt und zerfällt es da.

TAUSEND KIRCHEN

Eine der schönsten Backsteinkirchen im ganzen Ostseeraum steht in Bad Doberan. Der mit erlesenen Kunstschätzen ausgestattete Kirchenraum zieht Busladungen von Besuchern an. Was hier golden blitzt und funkelt, galt einst auch als Machtdemonstration. Als Zisterzienser im Jahr 1171 Kloster Doberan gründeten, geschah das inmitten eines feindseligen Umfelds: 1147 hatte Heinrich der Löwe den slawischen Ureinwohnern nach blutigem Ringen das Christentum aufgezwungen, der Zustrom von Bauern aus Nordwestdeutschland besiegelte den Untergang der altslawischen Kultur.

Von dieser Umbruchzeit zeugen viele kleine Dorfkirchen, die auf das 13. Jahrhundert zurückgehen. Je nach finanziellen Möglichkeiten von Gemeinde und Grundherr bestehen diese Kirchlein mal aus rohen Feldsteinen, mal aus Backstein oder aus einer Mischung von beidem. Heute gibt es noch rund 1000 Dorfkirchen in Mecklenburg-Vorpommern, doch viele rotten und bröseln vor sich hin. Dem begegnen engagierte lokale Fördervereine, die nicht unbedingt aus

Erinnerung an eine jahrtausendealte Siedlungstradition: eines der aus tonnenschweren Findlingen errichteten Hünengräber im Everstorfer Forst bei Grevesmühlen.

Nach langer Renovierung öffnete Schloss Bothmer – wie der dazugehörige Park im Besitz des Landes Mecklenburg-Vorpommern – im Mai 2015 erstmals als Museum seine Pforten.

Auf das 14. Jahrhundert geht das Doberaner Münster zurück. Das gotische Schmuckstück war als Klosterkirche der einstigen Zisterzienserabtei errichtet worden.

Eine Kostbarkeit ist der um das Jahr 1300 entstandene Flügelaltar im Münster.

Heinrich Schliemann (1822–1890)

Von Neubukow nach Troja

Special

Eine Gedenkstätte in Neubukow bei Bad Doberan erinnert an den mecklenburgischen Pfarrerssohn Heinrich Schliemann, den Entdecker Trojas.

Im Jahr 1822 in Neubukow geboren, hing der kleine Heinrich an den Lippen seines Vaters, wenn dieser Geschichten aus alten Zeiten erzählte. Er durchstreunte die gesamte Umgebung, die „Hünengräber" weckten seine Begeisterung für die Vorgeschichte. Nach dem frühen Tod der Eltern verließ Schliemann 19-jährig Mecklenburg. Das Ziel: die Neue Welt, Amerika! Doch ein Sturm ließ das Schiff auf der niederländischen Insel Texel stranden. Schliemann blieb in Holland, heuerte in einem Handelskontor an und arbeitete sich zäh nach oben. Er verzichtete auf jeglichen Komfort, um sich mehrere Sprachen und fehlende Bildung anzueignen. Als selbstständiger Kaufmann agierte er mit viel Geschick und Erfolg und machte so in Russland wie in Amerika ein Vermögen.

Im „Herbst seines Lebens" setzte er große Geldmittel ein, um das sagenhafte Troja zu finden. Geleitet von den antiken Angaben des griechischen Dichters Homer, begann er eine Ausgrabung am Schutthügel Hisarlık am Bosporus. Zum Staunen der Fachwelt wurde er fündig. Diese zweifelte lange an, dass es sich bei der bronzezeitlichen Stadt um das antike Troja handelte. Heute steht das fest. Der legendäre „Schatz des Priamos", den er dort im Jahr 1873 ausgrub, kam als Beutekunst nach dem Zweiten Weltkrieg nach Moskau.

Schliemanns Name steht für eine der ungewöhnlichsten Forscherpersönlichkeiten der Archäologie. Im Jahr 1890 starb er in Neapel. Sein Grab befindet sich wunschgemäß in Athen.

religiösen Gründen zur Rettung der Dorfkirchen aufrufen, sondern weil sie ein wichtiges kulturelles Erbe in Gefahr sehen. Nicht immer werden die sorgsam restaurierten Kirchen wieder für den Gottesdienst genutzt. Manchmal steht auch die Kultur im Vordergrund, zum Beispiel für Konzerte in einem eindrucksvollen Rahmen wie in Rerik.

ROSE IM HINTERLAND

Unsere Burnout-Gesellschaft wird solche Orte irgendwann zu schätzen wissen, wo die Nacht noch vollkommen still ist und so pechschwarz, dass am Himmel das Sternenband der Milchstraße funkeln kann, wo am Tag Naturgeräusche dominieren anstelle von Techniklärm. Im Mecklenburger Hinterland gibt es solche Orte noch, etwa im Niemandsland zwischen der Autobahn A 20 und dem Meer. Wo die Einheimischen nach der Wende abwanderten, sahen andere eine Chance. Sie verliebten sich in das Land, erkannten die Möglichkeiten und ergriffen sie. Im Fall der Hamburgerin Edda Schütte war es das Gutshaus Groß Siemen, eines der zahllosen heruntergekommenen Herrenhäuser, in denen sich die Dächer durchbogen, die Tapeten von den Wänden hingen, der Stuck von der Decke fiel und im Mauerwerk die Schwalben ein- und ausflogen. Um so ein Projekt zu stemmen, braucht es Begeisterung, Macherqualitä-

Unweit von Bad Doberan entstand Heiligendamm als erstes deutsches Seebad. Bis heute umweht die weißen Pavillons dort hochherrschaftliches Flair.

„Schusters Strandbar" im Schatten des Warnemünder Leuchtturms.

Nur ein paar Schritte von Warnemündes Altem Strom entfernt reihen sich die traditionellen Kapitänshäuser (oben). Strandfreuden warten an der Westmole (unten).

ten – und ein dickes Fell. Denn an allen Ecken und Enden lauerten Überraschungen. So musste die neue Besitzerin von Groß Siemen feststellen, dass sich in der mecklenburgischen Krume nicht nur Regenwürmer fanden, sondern auch die Reste einer Mülldeponie. Ein Schöngeist wäre verzweifelt. Edda Schütte biss sich durch, unterstützt von der ganzen Familie, beseitigte, räumte auf, baute und sanierte, richtete Ferienwohnungen im Herrenhaus ein, pflanzte und schnitt unbeirrt nunmehr 3500 englische Rosen. Das Ensemble aus Herrenhaus, Rosarium und Orangerie erhielt schließlich den Ritterschlag als einer der Spielorte der Musikfestspiele Mecklenburg-Vorpommern.

VOM WINDE VERWEHT

Die meisten Einheimischen sind von ruhiger Art, angenehm zurückhaltend, weder überschwänglich noch aufdringlich: Großspurigkeit ist nicht ihre Sache. Auch das Aufbegehren hat in Mecklenburg-Vorpommern keine Tradition. „Sie haben den Protest nicht gelernt", behaupten Kenner der Landes- und Mentalitätsgeschichte. Das sei geschichtlich begründbar: eine lange Periode der Leibeigenschaft, dann die DDR-Zeit, in der bürgerliches Aufbegehren ebenfalls unterdrückt wurde. Doch es tut sich einiges: So konnte der geplante Windpark vor Kühlungsborn verhindert werden, nur sechs Kilometer von der Küste entfernt. Der freie Blick auf

Erinnert an einen Schiffsbug: der Bürokomplex AIDA Home. Auf der Silohalbinsel im Rostocker Stadthafen verbindet sich Modernes mit traditioneller Speicherarchitektur.

Daniel Severin ist Küchenchef der Fischbratküche auf dem Rostocker Fischmarkt.

An Rostocks Neuem Markt mit dem Möwenbrunnen steht auch die Marienkirche. Hier mündet die Einkaufsmeile Kröpeliner Straße.

Die autofreie Kröpeliner Straße wurde zur Bummelzone Rostocks. Sie säumen noch schmucke Fassaden aus vergangenen Zeiten.

> „JA. ROSTOCK! JEDEM MECKLENBURGER GEHT DAS HERZ AUF …, WENN VON ROSTOCK DIE REDE IST."
>
> Fritz Reuter (1810–1874)

das Meer am Tag wäre dahin gewesen, nachts hätten Positionslichter geblinkt. „Es gibt Gäste, die suchen sich ihre Unterkunft nach dem Windatlas aus – die wollen keine Windräder sehen", erzählt eine Hotelbesitzerin, die wie viele andere in der Region Unterschriftenlisten ausgelegt hatte, um die erst 2015 zurückgezogenen Pläne zu verhindern.

Ungeachtet dessen bleibt Mecklenburg-Vorpommern aber einer der wichtigen Player im Geschäft mit der Energiewende. Energiekonzerne von überallher rammen ihre Windparks offshore in die Ostsee und auch ins Hinterland. Der stetige Ostseewind begeistert seit Fukushima eben nicht nur Segler und Kitesurfer.

UNTER DAMPF

Wer zum ersten Mal den Molli sieht, staunt nicht schlecht: Da quetscht sich doch tatsächlich eine Dampflok mitten durch die engen Sträßchen von Bad Doberan, mit gehörigem Geschnaufe und Gezisch. Wie Lukas der Lokomotivführer lehnt sich ein schwarz gekleideter Heizer lachend aus dem Führerhaus, lässt Molli pfeifen, und aus den Waggons werfen fröhliche Fahrgäste Kusshände in die Zuschauermenge. Ein gelungener Auftritt! Seit dem Jahr 1886 verbindet die „Mecklenburgische Bäderbahn Molli" Bad Doberan mit Heiligendamm, seit 1910 fährt die Schmalspurbahn weiter bis Kühlungsborn. Aber wie kam Molli zu diesem Namen? Eine nette, eher nicht wahre Geschichte geht so: Als die Bäderbahn durch Doberan fuhr, riss sich der Mops einer Passantin von der Leine und stürmte auf die Lok zu. Entsetzt rief Frauchen ihm hinterher „Molli, bleib stehen!" Das hörte nicht nur der Hund, sondern auch der Lokführer, trat in die Bremsen – und fortan hieß der Zug Molli.

Verbrieft ist zumindest die Spurweite der Gleise: 900 Millimeter. Die 1905 im Klützer Winkel in Betrieb genommene Schmalspurbahn „De Lütt Kaffeebrenner" braucht 600 Millimeter Spurweite, der „Rasende Roland" braust auf 750 Millimetern über Rügen. Damals baute noch jede Eisenbahngesellschaft ganz so, wie sie es für richtig hielt.

WO DIE AIDA ABLEGT

Warnemünde, einst ein Fischernest an der Mündung der Warnow in die Ostsee, hat sich zu Deutschlands größtem Kreuzfahrthafen gemausert. Wenn sich mit der „Aida" die Prominenz unter den Ozeandampfern ankündigt, säumen reihenweise Schaulustige den Fährhafen. Das größte Kreuzfahrtschiff, das je die Warnowmündung angesteuert hat, ist die „Royal Princess". Die beherbergt mit 3600 Passagieren und 1350 Besatzungsmitgliedern fast

Wenn im August die Hanse Sail nach Rostock ruft (siehe auch: „Unsere Favoriten", S. 90/91), folgen Millionen Gäste, um die maritimen Vergnügungen der Hansestadt zu erleben.

Zur Rostocker Universität gehört das Marine Science Center, das mit Hilfe seiner acht Seehunde und einem Seebär die Meeressäuger erforscht. Zugleich will es Forschung und Tiere interessierten Besuchern nahebringen.

Die Hanse Sail vereint Jahrmarktsattraktionen mit Seefahrtsmythen (zu denen untrennbar Piraten gehören) und maritimen Traditionen wie dem gemeinsamen Singen von Shantys.

genauso viele Menschen wie Warnemünde selbst. Dort gingen 2017 rund 900 000 Menschen von Bord oder bestiegen hier ihr Schiff. Lieblingsziele aller Gäste sind der Leuchtturm, der „Teepott" (siehe S. 72/73) und der „Alte Strom", wie Warnemündes historischer Hafen heißt.

Hier ankern urige Fischkutter und Jachten. Backfisch-Udo bietet am Kai „Krosse Krabben" an, Möwen lauern auf leichte Beute aus Touristenhand. Die schmucken schmalen pastellfarbenen Kapitänshäuschen am Wasser dienen als Ferienwohnungen. Im Erdgeschoss logieren Kleidergeschäfte, Kneipen, Restaurants, Cafés. Und wer noch kein Buddelschiff erstanden hat, der wird hier fündig.

TOR ZUR WELT

Rostock, die größte Stadt in Mecklenburg-Vorpommern, ist anderen Gesetzen unterworfen als die Seebäder an der Küste. Die kennen das Auf und Ab von Haupt- und Nachsaison, Rostock lockt das ganze Jahr. Nicht unwesentlich dafür verantwortlich ist die Universität. Sie macht die Stadt für junge Menschen so attraktiv. Rund um den „Brunnen der Lebensfreude" vor der Universität ist bei gutem Wetter immer Hochbetrieb. Und das Kulturangebot ist umfassend wie nirgends sonst im Land.

Im Vergleich mit den anderen Hansestädten schneidet Rostock allerdings schlecht ab. 1677 loderte ein verheerender Brand in der Stadt, über die Hälfte der Bevölkerung kam um. Die stolze Hansemetropole versank in die Bedeutungslosigkeit – leichte Beute für plündernde dänische und schwedische Truppen. Anfang des 19. Jahrhunderts gab der Rat der Stadt grünes Licht für den Abriss von baufälligen Kirchen und Klöstern. Er ließ die Stadtmauern niederreißen, viele gotischen Gemäuer abtragen und Raum für neue Bauten schaffen. Das tut den Freunden der Backsteingotik natürlich in der Seele weh. Denn ein guter Teil des mittelalterlichen Rostocks war damit dahin. Und was den Kahlschlag der gotischen Gemäuer überlebte, ging zur Hälfte im Zweiten Weltkrieg unter.

ZUR SACHE

Die Historie des Strandkorbs

LOBLIED AUF EIN STRANDMÖBEL

Wo Strandkörbe stehen, ist die Zivilisation nicht fern. Erfunden wurden die guten Stücke an der Ostsee, und ihre Form hat sich seit über 135 Jahren nicht wesentlich geändert.

Strandkörbe sind der reinste Genuss: Sie schützen vor Ostseewind, praller Sonne, neugierigen Blicken und Frisbeescheiben. Die Polster sind weich, die neigbare Rückenlehne sorgt für Liegekomfort, ein herausklappbares Tischchen erlaubt ein gewisses Maß an Esskultur. Man richtet sich wohlig ein in seiner kleinen Welt mit Zeitung, Handtuch, Sonnencreme und fühlt sich wie auf der eigenen Insel. Eine mobile Insel, die sich am Sonnenstand ausrichten lässt. Nervt der Nachbar, versetzt man sie. Wer Eis holen geht, sperrt sie zu. Kurzum – eine Erfindung, die keiner missen möchte.

GEBURTSORT ROSTOCK

Zwar gab es schon Mitte des 19. Jahrhunderts Strandstühle aus schützendem Weidengeflecht. Als Erfinder des Strandkorbs gilt jedoch der Rostocker Korbmacher Wilhelm Bartelmann. Den Anstoß gab die rheumakranke Elfriede Maltzahn, die einen vor Wind und Wetter schützenden Stuhl erbat. Das Ergebnis, eine Art senkrecht stehender Wäschekorb mit Sitzbrett, hatte seinen ersten Auftritt 1882 am Strand von Warnemünde – mit großer Resonanz. Wilhelm Bartelmann stieg in die Produktion ein, Ehefrau Elfriede in die Vermietung. 1895 erweiterte Johann Falck, Bartelmanns ehemaliger Geselle, das Möbel um eine kippbare Rückenlehne und Platz für zwei Personen: Der Strandkorb hatte zu seiner bis heute unveränderten Grundform gefunden.

MADE IN HERINGSDORF

Einzige verbliebene Strandkorbfabrik an der Ostsee ist das Korbwerk in Heringsdorf. Rund 4000 Strandmöbel werden hier jedes Jahr gefertigt – ab rund 700 Euro und in Handarbeit. Den Billigsegmentmarkt bedient inzwischen längst Ostasien.

Bei einem Gang durch die Korbmanufaktur darf man Nähern, Polsterern, Flechtern und Schreinern über die Schulter schauen. Jeder Korb hat eine solide Basis aus Holz und feuerverzinkten Metallteilen. Statt der Weidenruten kommt heute Kunststoff fürs Geflecht zum Einsatz, pflegeleicht, wetterbeständig und leicht zu verarbeiten. Reichlich ist die Auswahl an Markisenstoffen, Sonderwünsche sind alltäglich. Nicht jeder Strandkorb landet am Strand. In Privatgärten, auf Hotel- und Restaurant-Terrassen, sogar in den Skigebieten der Alpen sind sie zu sehen – als „Sonnenkorb".

Seinen berühmtesten Korb fertigte das Werk für den G8-Gipfel in Heiligendamm. Angela Merkel mit Vladimir Putin, George W. Bush und den anderen Regierungschefs nebeneinander im extrabreiten Strandkorb sitzend – dieses Foto ging um die Welt. Auch der größte Strandkorb der Welt stammt aus Heringsdorf. Zwei Jahre dauerte es von der Planung bis zur „Eröffnung" auf der dortigen Strandpromenade. 91 Menschen finden Platz, natürlich ist WLAN vorhanden.

Andreas Bartelmann, Nachfahre des Strandkorb-Erfinders, in einer Nachbildung der frühen Modelle.

Fakten & Informationen

Strandkorb-Tagesmiete: 10–20 Euro (saisonabhängig)
Strandkorbvarianten: Ostseestrandkorb mit geschwungenem Seitenteil, Halblieger (Neigungswinkel der Rückenlehne bis 45°), Nordseestrandkorb mit geradem Seitenteil, Lieger (Neigungswinkel der Rückenlehne bis 90°)
Herstellung und Verkauf: Korbwerk Heringsdorf GmbH & Co. KG, Waldbühnenweg 2, 17424 Seebad Heringsdorf, Tel. 038378/46 50 50, www.korbwerk.de; Mo.–Fr. 9.00 bis 17.00 Uhr, Werksführung Do. 10.00 Uhr

WO ALLES ANFING

Im Jahr 1793 eröffneten Mecklenburgs Herzöge in Heiligendamm Deutschlands erstes Seebad. Mit dem bildschönen Wismar, Bad Doberan und Rostock bietet die Mecklenburger Bucht viele lohnende Ziele.

❶ Klützer Winkel

Der friedliche Klützer Winkel erstreckt sich zwischen Lübeck, Wismar und der Ostseeküste. Hauptort ist Klütz, gebadet wird im Ostseebad Boltenhagen.

SEHENSWERT

Das schmucke Kleinstädtchen **Klütz** zeigt im (um 1890 erbauten) Getreidespeicher eine Ausstellung zum Schriftsteller Uwe Johnson (1934 bis 1984), der den Ort in seinem Roman „Jahrestage" als „Jerichow" verewigte (Vorträge und Lesungen; www.literaturhaus-uwe-johnson.de). **Schloss Bothmer** (1726–1732) ist die größte barocke Schlossanlage Mecklenburg-Vorpommerns. Besichtigt werden können der herrliche Park, die historischen Räume im Schloss und eine Ausstellung über den Bauherrn Graf Bothmer (Nov.–März Sa., So. 11.00–16.00, April, Okt. Di.–So. 10.00–17.00, Mai, Juni, Sept. bis 18.00, Juli, Aug. tgl. 10.00–18.00, Park ganzjährig tgl. ab 10.00 Uhr, www.mv-schloesser.de/bothmer).

AKTIVITÄTEN

Die Schmalspurbahn **De Lütt Kaffeebrenner** verkehrt auf 6 km zwischen Klütz und Reppenhagen – bequemer kann man den Klützer Winkel nicht in 50 Min. erkunden (April–Okt., Fahrplan www.stiftung-deutsche-kleinbahnen.de).

HOTEL UND RESTAURANT

Stellshagen ist Haltestelle der Schmalspurbahn. Hier bekommen Sie im € € **Gutshaus Stellshagen** Kaffee und selbst gebackene Torten, im Restaurant feine Biokost. Die Anlage ist ein Biohotel mit Ayurveda-Garten, Tao-Gesundheitszentrum und auf baubiologischer Grundlage renovierten Zimmern. Zum Hotel gehört ein Biolandhof, der für frisches Gemüse sorgt.

UMGEBUNG

1803 ließ sich Graf von Bothmer seinen Badekarren bei **Boltenhagen** (nordöstl.) aufstellen und gab damit den Anstoß für die Entwicklung zum Badeort. Es winken 5 km Badestrand und eine Steilküste, die zu Spaziergängen einlädt.

INFORMATION

Stadtinformation Klütz,
Im Thurow 14, 23948 Klütz,
Tel. 038825/2 22 95, www.kluetz-mv.de
Kurverwaltung Boltenhagen, Ostseeallee 4,
23946 Ostseebad Boltenhagen,
Tel. 038825/36 00, www.boltenhagen.de

Blau und Grün mischt sich auch hier in Großklützhoeved bei Boltenhagen.

❷ Wismar

Die **Altstadt von Wismar TOPZIEL** (43 000 Einw.) ist gemeinsam mit der von Stralsund UNESCO-Welterbe. Backsteinkirchen und Kaufmannshäuser erinnern an die Hansezeit.

SEHENSWERT

Auf dem **Markt** fällt die 1580 bis 1602 erbaute **Wasserkunst** auf. Das spätgotische **Rathaus** bekam 1819 einen klassizistischen Seitenflügel. Immer gerne fotografiert: der **Alte Schwede,** ein Wohn- und Speicherhaus (um 1380). Von den fünf Stadttoren hat nur das um 1450 im spätgotischen Stil errichtete **Wassertor** am Alten Hafen überdauert. Ringsum liegt eine Reihe Speichergebäude. Der Karstadt-Konzern hat seine Wurzeln in Wismar; Stammhaus war der Jugendstilbau (1908) in der Krämer-/Ecke Lübsche Straße. Vor allem die Krämerstraße säumen viele prächtige Giebelhäuser. Drei monumentale Kirchen gönnten sich die Wismarer im Mittelalter, nur **St. Nikolai** (1380–1508) blieb fast unbeschädigt. Beeindruckend ist der Gang durchs 37 m hohe Mittelschiff. Der gotische Hochaltar stand einst in **St. Georgen**. Diese im Zweiten Weltkrieg zerstörte Kirche wurde ab 1990 wieder aufgebaut. Von der **Marienkirche** blieb nur der 80 m hohe Turm; dort erläutert eine Ausstellung die Techniken des gotischen Backsteinbaus.

MUSEEN

Phänomene rund um Technik und Technikgeschichte vermittelt interaktiv das **phanTechnikum** (Zum Festplatz 3, www.phantechnikum.de; Di.–So. 10.00–18.00, Sept.–Juni bis 17.00, Nov.–März bis 16.00 Uhr Juli, Aug. tgl.). Das **Stadtgeschichtliche Museum** im Schabbellhaus (1569–1571) zeigt 800 Jahre Stadtgeschichte (April–Okt. Di.–So. 10.00–18.00 Uhr, Juli, Aug. tgl. Winter kürzer, Schweinsbrücke 8, www.wismar.de/schabbell).

HOTEL UND RESTAURANT

Seit über 100 Jahren ist die „Ziege" ein Begriff: Das Gasthaus € € **To'n Zägenkrog** bietet Fischspezialitäten und ein modernes Appartement-Hotel (Ziegenmarkt 10, Tel. 03841/ 28 27 16, www.ziegenkrug-wismar.de).

UMGEBUNG

Flache Strände im Nordosten, kein Durchgangsverkehr, das zeichnet das Ostseebad **Insel Poel** (2500 Einw.) als Familienurlaubsort aus. **Langenwerder** ist Vogelschutzgebiet.

INFORMATION

Tourist-Information, Lübsche Str. 23a,
23966 Wismar, Tel. 03841/1 94 33,
www.wismar.de

❸ Bad Doberan

Der mecklenburgische Großherzog Friedrich Franz I. machte Bad Doberan (12 000 Einw.) im 18. Jh. zu seiner Sommerresidenz. Hauptattraktion ist das Doberaner Münster.

SEHENSWERT

In einem weitläufigen Park erhebt sich das **Münster TOPZIEL**, bedeutendstes mittelalterliches Bauwerk Mecklenburgs und hochgotische Kirche (Urspr. 13. Jh.; 1368 geweiht) des 1171 gegründeten Zisterzienserklosters.

INFOS & EMPFEHLUNGEN

Im Innenraum reiht sich eine kunsthistorische Kostbarkeit an die andere, darunter Deutschlands ältester Flügelaltar (um 1300) und der älteste Sakramentsturm (um 1360). Das Münster diente auch als Grablege der Mecklenburger Landesfürsten, war also geistliches und politisches Zentrum der Region (www.muenster-doberan.de; Mai–Sept. Mo.–Sa. 9.00–18.00, So., Fei. 11.00–18.00, sonst bis 16.00 Uhr; Konzerte Juni–Sept. Fr. 19.30 Uhr).

MUSEUM
Einblicke in Landes- und Bäderkunde gibt das **Stadt- und Bädermuseum** (Beethovenstraße 8, Tel. 038203/6 20 26, www.moeckelhaus.de;

Oben: „Molli" mitten in Bad Doberan. Rechts: Rostocks gotisch-barockes Rathaus.

Mitte Mai–Mitte Sept. Di.–Fr. 10.00–12.00 und 13.00–17.00, Sa., So. 12.00–17.00 Uhr, sonst nur Di.–Fr. 10.00–12.00 und 13.00–16.00, Sa. 12.00–16.00 Uhr).

VERANSTALTUNG
Zwischen Bad Doberan und Heiligendamm liegt auf einem Hügel die **Ostsee Rennbahn**. Im August finden hier manchmal noch Galopprennen statt (www.eutscher-galopp.de).

AKTIVITÄTEN
Die **Bäderbahn Molli** schnauft stdl. zwischen Bad Doberan via Heiligendamm nach Kühlungsborn (www.molli-bahn.de).

HOTEL UND RESTAURANT
Einen Genießeraufenthalt versprechen die Ferienwohnungen im €€ **Gutshaus Groß Siemen**, mit Orangerie und Rosarium auch eine Kulisse der Mecklenburger Schlossfestspiele (An der Sieme 13, 18236 Groß Siemen, Tel. 038292/ 82 98 53, www.gutshaus-gross-siemen.de). Ronny Siewert kocht im €€€€ **Friedrich Franz** konstant auf Sterneniveau (Grand Hotel Heiligendamm, Bad Doberan, Prof.-Dr.-Vogel-Straße 6, Tel. 038203/74 00, www.grandhotel-heiligendamm.de; rechtzeitig reservieren). Das € **Klostercafé** im Doberaner Torhaus bietet hausgemachte Torten und im Klosterladen Klosterspezialitäten sowie regionales Kunsthandwerk (Klosterstraße 1a, www.torhaus-doberan.de; tgl. 10.00–18.00 Uhr).

UMGEBUNG
1793 gründete der mecklenburgische Großherzog Friedrich Franz I. in **Heiligendamm** (6 km nördl.) Deutschlands erstes Seebad. Unverändert gültig ist der Beiname „Weiße Stadt am Meer" – wegen der Farben der klassizistischen Kuranlagen, Villen und Hotels. Die Kunst des Glasblasens wird in **Glashagen** (4 km südw.) aufs Feinste ausgeübt (GLAShagenHÜTTE April bis Dez. Mo.–Sa. 10.00–18.00 Uhr, www.kunstort-glashagen.de). Das **Ostseebad Kühlungsborn** (16 km nordw.) mit langer Strandpromenade und Seebrücke ist das größte Seebad an

EINE DER BESTEN UNTERKUNFTSADRESSEN IN WARNEMÜNDE IST DAS STRANDHOTEL HÜBNER.

> **Tipp**
>
> ### Die verfemte Moderne
>
> Das Kulturhistorische Museum in Rostock zeigt in seiner Dauerausstellung Werke der „Entarteten Kunst". Ab dem Jahr 1937 beschlagnahmten die Nationalsozialisten Kunst, die nicht ihren Vorstellungen entsprach, und verkauften diese. Mittelsmänner waren u. a. Bernhard Alois Böhmer aus Güstrow, dessen Nachlass nach dem Krieg konfisziert und ans Rostocker Museum gegeben wurde. Heute befinden sich davon noch 613 Exponate in seinem Bestand, darunter Werke von Oskar Schlemmer, Otto Dix, Erich Heckel und Christian Rohlfs. Ausstellung und Begleitband geben einen erstklassigen Einblick in die fatale „Kulturpolitik" der Nazis.

der Ostseeküste. Der dortige Grenzturm war zu DDR-Zeiten ein Wachturm, heute ist er ein Museum (Ostseeallee 1a, www.ostsee-grenzturm.com; Juni–Sept. Di., Mi., Fr. 14.00–17.00, Okt.–Mai Di. und Fr. 14.00–17.00 Uhr). Die beste Übersicht genießt man vom Leuchtturm „Buk" in **Bastorf** (20 km nordw.); wer mag, kehrt hier in „Valentins Café" ein (www.valentins-cafe.de; Mo.–Fr. 10.00–19.00, Sa., So. ab 9.00 Uhr). Das am Salzhaff gelegene **Ostseebad Rerik** (22 km westl.) hieß urspr. Alt Gaarz, bis die Nationalsozialisten den Namen 1938 in Rerik änderten. Tatsächlich entdeckten Archäologen 1995 hier Reric, das „Troja der Ostsee", eine bedeutende Wikingersiedlung (8. Jh.). Sehenswert ist die Dorfkirche (um 1270) mit ihrer barocken Innenausmalung und Kanzeluhr, liebenswert das Heimatmuseum gegenüber (Dünenstraße 4; Öff. zeiten www.rerik.de). Nicht verpassen: die Großsteingräber der Umgebung (Führungen donnerstags).

INFORMATION
Tourist-Information Bad Doberan-Heiligendamm, Klosterstr. 1c, 18209 Bad Doberan, Tel. 038203/6 21 54, www.bad-doberan–heiligendamm.de

Touristik-Service Kühlungsborn, Ostseeallee 19, 18225 Ostseebad Kühlungsborn, Tel. 038293/84 90, www.kuehlungsborn.de

❹ Seebad Warnemünde

Warnemündes (6600 Einw.) Herz ist der Alte Strom (Alte Warnow), der hier in die Ostsee mündet, bis 1903 die einzige Schiffszufahrt nach Rostock. Berühmt: die Warnemünder Woche, ein großes Segelsportfestival Anfang Juli.

SEHENSWERT
Viel Publikum flaniert auf der breiten Strandpromenade dem berühmten **Leuchtturm** (1897/1898) entgegen (www.warnemuende-leuchtturm.de; Aufstieg Ostern–Anf. Okt. tgl. 10.00–19.00 Uhr). Gleich daneben: das ungewöhnlich gestaltete Restaurant **Teepott** (1968, www.teepott-restaurant.de). Links führt die **Westmole** 500 m hinaus auf die Ostsee. Am **Alten Strom** reihen sich Kapitänshäuser, Geschäfte, Kneipen und Imbissbuden, im Wasser dümpeln Fischkutter. An der Mittelmole findet tgl. ein Fischmarkt statt. In einem 1767 erbauten Fischerhäuschen ist das **Heimatmuseum** untergekommen und zeigt die Entwicklung vom Fischerdorf zum Badeort (Alexandrinenstraße 31, www. heimatmuseum-warnemuende.de; April–Okt. Di.–So. 10.00–17.00 Uhr, Winter nur Mi.–So.).

AKTIVITÄTEN
Am Fähranleger hinter dem Bahnhof legen die **Ausflugsschiffe** zur Hafenrundfahrt und zum Rostocker Stadthafen ab (Tel. 0381/69 99 62, www.rostocker-flotte.de).

HOTEL UND RESTAURANT
Eine der besten Adressen: €€€€ **Strandhotel Hübner** mit Blick auf Meer und Mole (Seestraße 12, 18119 Rostock-Warnemünde, Tel. 0381/ 5 43 40, www.strandhotelhuebner.de).

MECKLENBURGS WESTEN · ROSTOCK
42–43

INFORMATION
Tourist-Information Warnemünde, Am Strom 59, 18119 Rostock-Warnemünde, Tel. 0381/3 81 22 22, www.warnemuende.m-vp.de

5 Rostock

Die größte Stadt Mecklenburg-Vorpommerns (209 000 Einw.) bietet zahlreiche Möglichkeiten für Einkauf und Kulturgenuss. Die 1419 gegründete Universität ist die älteste Nordeuropas. Die **Hanse Sail** TOPZIEL Anf. Aug. zählt zu den größten Windjammertreffen der Welt (siehe „Unsere Favoriten", S. 90/91).

SEHENSWERT
Am Neuen Markt erhebt sich die bedeutende **Marienkirche** (1230); beachtenswert sind die Bronzetaufe (um 1290), die astronomische Uhr (1472) und die prächtigen Altäre. Das **Rathaus** (um 1270) diente im Mittelalter auch als Kaufhaus; 1727 setzte man einen barocken Vorbau vor die gotische Schauwand mit ihren sieben Türmchen. Teile der **Stadtbefestigung** (1350) stehen noch; von den 22 Stadttoren sind vier erhalten, darunter das **Kuhtor** (13. Jh.) und das Renaissance-**Steintor** (1577). Das **Kröpeliner Tor** (1280) beherbergt Ausstellungen zur Stadtgeschichte (Geschichtswerkstatt Rostock, www.geschichtswerkstatt-rostock.de; tgl. 10.00 bis 18.00 Uhr, Fei. geschl.). Von der Fischerbastion im Westen geht der Blick zum Stadthafen mit Speichern und Restaurants sowie zum Museumshafen. Neben dem Steintor befindet sich das ehem. **Ständehaus** (um 1890), ein gewaltiger Historismusbau, Sitz des Oberlandesgerichts. Einen guten Überblick bietet die Aussichtsplattform der **Petrikirche** (14. Jh.). Beispielhaft für die Rostocker Backsteingotik: das **Kerkhoff-Haus** (1470; Kröpeliner Str. 82).

MUSEEN
Größten Zulauf genießt der **Zoo** mit dem Darwineum, 2018 eröffnete hier mit dem Polarium eine neue Heimat für die Eisbären und Pinguine (Barnstorfer Ring 1, www.zoo-rostock.de; tgl. ab 9.00 Uhr). Im ehemaligen Kloster zum Heiligen Kreuz (Urspr. um 1270) zeigt das **Kulturhistorische Museum** mittelalterliche Kunstwerke und Stadtgeschichtliches (Klosterhof 7, Tel. 0381/3 81 45 30, www.kulturhistorisches-museum-rostock.de; Di.–So. 10.00–18.00 Uhr). Vor allem die Wechselausstellungen machen die **Kunsthalle** interessant (Hamburger Straße 40, Tel. 0381/3 81 70 08, www.kunsthallerostock.de; Di.–So. 11.00–18.00 Uhr). Rostocks **Schiffbau- und Schifffahrtsmuseum** schwimmt sogar, ist es doch im Traditionsschiff „Dresden" untergebracht (Liegeplatz IGA-Park, Schmarl-Dorf 40, www.schifffahrtsmuseum-rostock.de; April–Okt. Di.–So. 10.00–18.00, sonst bis 16.00 Uhr).

INFORMATION
Tourist-Information Rostock, Universitätsplatz 6, 18055 Rostock, Tel. 0381/3 81 22 22, www.rostock.de

WALDERLEBNIS AM MEER

Der Gespensterwald bei Nienhagen gehört zu den berühmtesten Wäldern an der Osteseeküste. Bis zu 170 Jahre alte Bäume stehen hier und trotzen dem Wetter. Ihre skurrile Gestalt verdanken die Eichen, Buchen und Eschen dem Ostseewind, der ihre Kronen und Stämme zurechtgebogen hat. Windflüchter nennt man solche Bäume. Flüchten können sie zwar nicht, doch an der Abbruchkante zum Strand krallen sie sich mit ihren Wurzeln erfolgreich in den Untergrund, an dem das Meer kräftig nagt. Immer wieder brechen Teile der Kliffkante ab. Zwar ist der Wald nur rund 11,3 km lang und 100 m breit – und doch besitzt er einen besonderen Zauber.

Immer am Meer entlang wandernd, entweder oben an der Steilküste oder unten am Strand, erreicht man vom Gespensterwald aus westwärts innerhalb einer Stunde den Coventer See. Dort tummeln sich Fischotter und Rohrdommeln. In die Gegenrichtung lohnt sich ein 6 km langer, anderthalbstündiger Fußmarsch übers Kap Geinitzort bis zur „Wilhelmshöhe". Das beliebte Hotel und Restaurant liegt im Vogelschutzgebiet Stoltera. Auch dieser Weg verläuft immer an der Küste. Und wer noch Kraft hat, läuft einfach weiter, bis nach einer knappen Stunde der Leuchtturm von Warnemünde in Sicht kommt.

Unterwegs im Gespensterwald und an der Küste

Infos: Der Gespensterwald grenzt unmittelbar westlich an Nienhagen an. Bei starkem Wind oder Regen sollte man den Wald nicht betreten – Gefahr von Astbruch! Und Vorsicht an der Kliffkante – sie kann abbrechen. Daher den Kliffrand lieber nicht betreten. Der Wald steht unter Naturschutz.

Bus: www.fahrplanauskunft.verkehrsverbund-warnow.de

Einkehren: Hotel Wilhelmshöhe
Wilhelmshöhe 1, 18119 Warnemünde-Diedrichshagen
Tel. 0381/54 82 80, www.ostseehotel-wilhelmshoehe.de
tgl. ab 11.00 Uhr geöffnet

Übernachten nur für Frauen: Haus am Meer, Am Meer 3
18211 Ostseebad Nienhagen, Tel. 038203/7 35 70
www.hausammeer-nienhagen.de

Fischland, Darß und Zingst

VON KÜNSTLERN UND KRANICHEN

Wind und Wellen formen die Halbinsel Fischland-Darß-Zingst, und die Natur ist noch lange nicht am Ende ihres Werks. Zweimal im Jahr machen Zehntausende von Kranichen auf den Wiesen im Hinterland Zwischenstation. Über die seichten Gewässer der Boddenküste rauschen manchmal noch traditionelle Segler.

Zeesenboote – benannt nach den „Zeesen", den Schleppnetzen, – bei einer Regatta vor Bodstedt.

Das Kunstmuseum von Ahrenshoop erinnert an die Zeiten, als Maler wie Paul Müller-Kaempff von „Dünen, gekrönt von uralten Weißdornbäumen, Stechpalmen und wilden Rosen" schwärmten.

„Worpswede der Ostsee": Ahrenshoop, am Übergang vom Fischland zum Darß gelegen, zeigt sich hier im schönsten Abendlicht.

Kleine Keramikwerkstätten sind typisch für das Fischland.

Wustrow im Schatten seiner in den 1870er-Jahren errichteten Kirche, deren Turm einen weiten Rundumblick erlaubt.

Eine unglaubliche Zahl: 1711 Kilometer misst die Küste Mecklenburg-Vorpommerns – was ungefähr der Entfernung von Rostock nach Rom entspricht. Allein 1357 Kilometer entfallen auf die Boddenküste – eine ursprünglich durch das Eindringen des Meeres in die junge Grundmoränenlandschaft entstandene, seichte, unregelmäßig geformte Szenerie, die sich in ungezählten Windungen hinter der Außenküste dahinschlängelt. Die Vorpommersche Boddenlandschaft steht heute unter Schutz – ihren Anfang nimmt sie an der Halbinsel Fischland-Darß-Zingst.

Eigentlich handelt es sich dabei um drei Inselchen, Fischland, Darß und Zingst, entstanden mit dem Abzug der letzten nacheiszeitlichen Gletscher. Mutter Natur sorgte dafür, dass nach und nach alle Verbindungen zur offenen See versandeten, die Sturmflut von 1872 setzte den Schlusspunkt. Das schwerste hiesige Hochwasser seit Menschengedenken warf dreieinhalb Meter hohe Wellenberge gegen die Küste und schüttete den Prerower Strom zu, der den Darß von Zingst trennte. Fortan hingen die Inseln aneinander fest.

IDYLLE AM ENDE DER WELT

„Fischerkaten am Saaler Bodden", „Ländliche Hofstelle mit Kornfeld" nannte der Oldenburger Maler Paul Müller-Kaempff seine Werke und unterstrich damit, was die Künstler Ende der 1880er-Jahre in Ahrenshoop suchten und fanden. 1909 bekam die Kunst hier auch eine feste Heimat, als Paul Müller-Kaempff und Theobald Schorn den „Kunstkaten" errichteten. Die Kombination aus inspirierender Idylle weit weg vom modernen Leben mit billiger Kost und Logis zog bald weitere Künstler an. „Und die ehrbaren Ahrenshooper sperrten die sonst mürrisch verschlossenen Mäuler auf, als sie sich und ihre friedfertige Umgebung so unversehens in die Unsterblichkeit versetzt sahen", spöttelte das Berliner Tageblatt 1907.

„WORPSWEDE DER OSTSEE"

Heute nennt sich Ahrenshoop gerne das „Worpswede der Ostsee". Nirgendwo sonst ist die Galeriedichte gemessen an der Einwohnerzahl höher als hier. Die heimeligen Reetdachhäuser verraten eine sorgsame Pflege, doch mit der Konservierung des Zaubers klappt es nicht immer. Auch über die jüngsten architektonischen Landmarken an den Ortseingängen kann man geteilter Meinung sein: hier der raumgreifende Glaskoloss des Kurhauses, dort das lehmbraune fensterlose Kunstmuseum. Ein Blickfang ist die Bunte Stube, 1922 im Bauhaus-Stil errichtet. Aus dem früheren Treffpunkt der Maler wurde ein kunterbunter Souvenir- und Buchladen, in dem während der Hauptsaison

> „DAS WAR EIN STUDIENPLATZ, WIE ICH IHN MIR IMMER GEWÜNSCHT HATTE."
>
> PAUL MÜLLER-KAEMPFF (1861–1941)

die Kunden dicht an dicht stöbern, schmökern und einkaufen. Wer Zeit hat, spaziert hinauf zum Bakelberg. Aus der Distanz meint man noch das alte Ahrenshoop zu sehen mit seinen Fischerkaten und Rosenbüschen unter dem Glanz des nordischen Himmels.

LAND ENTSTEHT, LAND VERGEHT

Eine Hauptattraktion auf dem Darß ist der Gang zum Leuchtturm „Darßer Ort". An schönen Sommertagen wandern ganze Völkerscharen hierher. Man kann es ih-

Dickbauchige Zeesenboote mit rotbraunen Segeln: Mit ihnen fuhren einst die Fischer auf den Bodden, um Aal, Hecht und Barsch zu fangen. Heute bringen sie Touristen an die schönsten Stellen der Haff- und Boddenküste. Prerow liegt an Ostsee und – mit seinem Hafen – am Bodden zugleich (oben rechts). Am Wegkreuz Großer Stern im Darßer Urwald (unten links) trennen sich die Pfade. Der Weststrand zeigt anschaulich, wie das Meer bei rauem Wetter mächtige Stücke aus dem Darßer Dünengrün beißt (unten rechts).

nen nicht verdenken, denn hier bietet sich ein Küstenpanorama, das seinesgleichen sucht. Am Darßer Ort lässt sich die schöpferische Kraft des Meeres erleben: Südlich trägt das Wasser permanent Küste ab, zerwühlt den Strand, reißt den Sand tonnenweise mit sich, unterspült die Wurzeln der gebeugten Küstenkiefern und bringt sie zu Fall. Nordöstlich vom Darßer Ort gibt das Meer seine Beute wieder her, spült Sand in langen zarten Fahnen an und häufelt ihn zu flachen Bänken. Der Wind formt sie zu Dünen, auf denen erst Zwergstrauchheiden sowie lange Jahre später Kiefern, Eichen und Buchen gedeihen – das Land wächst, der Kreis schließt sich.

AUF DEM DARSS LÄSST SICH BESONDERS GUT BEOBACHTEN, WIE DIE NATUR ARBEITET.

Auch der 5000 Hektar große Darßwald ist auf diese Weise entstanden. Exkursionen führen regelmäßig in das schummerige Licht unter den Kiefern und Buchen. Noch trägt er den Stempel menschlicher Nutzung. Alte Arbeitswege drücken ihm ein schachbrettartiges Muster auf, frühere Aufforstungen tragen noch den Charakter von Monokulturen. Eines schönen Tages aber soll dieser Wald wieder Urwald sein.

IM KRANICHLAND

Jahr für Jahr lockt der Zug der Kraniche Tausende an die Ostseeküste: Im März und Oktober rastet die unvorstellbare Zahl von über 70 000 Vögeln am Bodden zwischen Zingst und Rügen, insbesondere bei Pramort auf Ostzingst. Mit Ferngläsern und Kameras ausgerüstet, warten Vogel- und Naturfreunde warm eingemummt auf die Dämmerung. Dann ziehen Tausende Kraniche in langen Ketten über den Himmel, untermalt von ihren Trompetenrufen. Das geht unter die Haut. Im Herbst fressen sich die Vögel auf den Boddenwiesen den Bauch voll; Reserven für ihren Flug nach Süden. Im

Das Recknitztal im Süden von Ribnitz-Damgarten ist ein stilles Revier – hier bei Marlow.

Auch in Daskow an der Recknitz zeigt sich das preußische Erbe an den vorpommerischen Dorfkirchen aus dem 19. Jahrhundert.

Gut gesichert durch eindrucksvolle Natur: Paddeln im Recknitztal.

Frühling versammeln sich die Kraniche hier zu ihren Balztänzen. Sie gebärden sich wie Verrückte, steigern sich in einen Furor aus Knicksen, Sprüngen und Flügelschlagen, werfen den Kopf weit in den Nacken und trompeten aus voller Kehle. Ihre Artgenossen können sich dem nicht entziehen, fangen ebenfalls an zu tönen, zu springen und zu wirbeln, alles wogt wie ein Ballett außer Kontrolle. Es dauert, bis der Tanz eines Paares in Harmonie übergeht und sich die zwei wie Spiegelbilder bewegen. Und obwohl

DAS STILLE HINTERLAND IST NOCH IMMER GANZ AGRARISCH GEPRÄGT.

Kranichpaare lebenslang zusammenbleiben, werben sie jeden Frühling hingebungsvoll umeinander.

ZWEI WELTEN

„Genau so war es einmal!", wirbt das Freilichtmuseum in Klockenhagen für sich. Bauernhäuser aus ganz Mecklenburg-Vorpommern vereinen sich hier zu einem anschaulichen Ensemble. Unter den mit Reet (hier „Rohr" genannt) gedeckten mächtigen Dächern erlaubt eine detaillierte Schau den Blick ins Leben der Menschen vor rund 100 Jahren. Und das war alles andere als einfach.

Das Museum sortiert sich seit einigen Jahren neu: Mitmachaktionen ziehen Familien an. Kinder dürfen Brot backen, Wäsche waschen wie zu Urgroßmutters Zeiten sowie Schafe und Ziegen füttern. Zwischen den Bauernhäusern, Katen und Pferdekoppeln stehen frühe landwirtschaftliche Geräte.

Ein Schild entlarvt ein rostiges Ungetüm aus Rädern und Schaufeln als Kartoffelpflanzlochmaschine. Der Unterdrehpflug daneben mag einst der Stolz des Hofbauern gewesen sein. Man staunt über frühe Versuche, die harte Feldarbeit weniger mühsam und einträglicher zu machen. Wie enorm weit es Maschinenbau und Ingenieurskunst gebracht haben,

Links oben und unten: Im Freilichtmuseum Klockenhagen darf auch selbst zum Hammer gegriffen werden. Rechts oben: Eine jahrhundertealte Tradition ist das Tonnenabschlagen (siehe „Unsere Favoriten", S. 90/91).

Erinnerung an Wikingerzeiten im Bernsteinmuseum von Ribnitz-Damgarten.

Auch so können Monarchen aussehen: Wer beim Tonnenabschlagen (hier in Born auf dem Darß) den letzten Teil des aufgehängten Fasses herunterschlägt, ist König.

zeigt ein Blick auf die Felder jenseits des Museumszauns, wo GPS-gesteuerte Traktoren das einstige Tagwerk eines mecklenburgischen Bauern in nur wenigen Minuten umpflügen.

BERNSTEIN UND VINETA

Die Halbinselkette aus Fischland, Darß und Zingst riegelt heute die Städte Ribnitz-Damgarten und Barth von der offenen See ab. Ribnitz-Damgartens „Goldader" hat aber dennoch engste Verbindungen zum Meer: Bernstein lautet das Zauberwort, das die Gäste magisch anzieht. Im einstigen Klarissenkloster von Ribnitz breitet das Deutsche Bernsteinmuseum seine honigfarbenen Schätze aus. Ebenfalls in der Altstadt haben Bernsteingalerien und die große Schaumanufaktur ihren Sitz. Auch Barth sucht und findet sein touristisches Heil im Zusammenhang mit dem Wasser: Hypothesen, die Vineta, die sagenhafte Hafenstadt, im Barther Bodden und nicht bei Zinnowitz auf Usedom verorten, gaben dem Hype um das „Atlantis der Ostsee" vor Ort reichlich Nahrung. Folgerichtig nennt sich Barth „Vineta-Stadt" und unterhält auch ein kleines Vineta-Museum.

AUF NEUEN WEGEN

Fischland-Darß-Zingst blättert ein breites Spektrum an Gästeunterkünften auf. Ferienwohnungen sind gefragt, die Hoteliers lassen sich immer Neues einfallen. Das „Kurhaus Ahrenshoop" begeistert mit seiner Aussicht aufs Meer. Nebenan im „Hotel Namenlos" und in der „Fischerwiege" begibt sich Besitzer Roland Fischer auf die Spuren der Künstlerkolonie und hängt Originale ins Restaurant wie in die Zimmer. Im Diershagener „Strandhotel Dünenmeer" dürfen Restaurant und SPA erst ab 10 bzw. 16 Jahren genutzt werden. – Kinderfrei? „Natürlich gab's Prügel von der Presse", erinnert sich Marketingchef Michael Lemke. Doch das legte sich rasch. Denn nur wenige Hundert Meter weiter liegt das Schwesterhotel: Das „Strandhotel Fischland" ist ganz auf Familien eingestellt und kinderfreundlich bis ins kleinste Detail – wer als Kind wählen darf, wird gar nicht ins „Dünenmeer" wollen: „Nichtstun ist hier die einzige Pflicht", sagt Lemke übers „Dünenmeer" – für Kinder wohl die Hölle, für urlaubsreife Erwachsene oftmals der Himmel.

ZUR SACHE

Die Nationalparks

DIE WELT AM BO(D)DEN

Es grenzt an ein Wunder, dass mit der Wiedervereinigung drei große Naturschutzgebiete an der Ostsee ausgewiesen werden konnten. Viele Lebewesen profitieren davon, indirekt auch der Tourismus. Also alles im grünen Bereich?

Schon von außen reizvoll: das Nationalpark-Zentrum Königsstuhl. Rechte Seite: Rügens Kreidefelsen am Kieler Ufer faszinierten zu allen Zeiten.

Es ist in Deutschland außerordentlich schwierig, Landschaften der Nutzung zu entziehen und der Natur zu überlassen. Das war in der DDR nicht anders. Doch mitten in den Wirren der Wende gelang es Michael Succow – Biologe und Agrarwissenschaftler sowie im Jahr 1990 kurzzeitig stellvertretender Umweltminister – mit seinem Team, ein Nationalparkprogramm auf die Beine zu stellen. Klar war, dass das Programm vor dem Inkrafttreten der deutschen Einigung zustande kommen musste; anderenfalls würde die Umsetzung in unerreichbare Ferne rücken. Die Aktion hing also an dem berühmten seidenen Faden. Doch Succow gelang es noch in der letzten DDR-Ministerratssitzung vor dessen Selbstauflösung das Nationalparkabkommen als letzten Tagesordnungspunkt aufrufen und absegnen zu lassen. Es legte drei Nationalparks mit der höchsten Schutzstufe fest, fünf Naturparks und sechs Biosphärenreservate. Am 1. Oktober 1990 trat das Abkommen in Kraft, zwei Tage später, am 3. Oktober, erfolgte die Wiedervereinigung. Die DDR war Geschichte – aber die frisch gebackenen Schutzgebiete hatten Bestand.

2015, ein Vierteljahrhundert nach diesen dramatischen Ereignissen, erhielt Succow für sein „lebenslanges Engagement im Naturschutz" den Ehrenpreis der Deutschen Bundesstiftung Umwelt – und die Naturparks von Mecklenburg-Vorpommern sind ein wahrer Glücksfall für alle nachfolgenden Generationen.

SCHUTZ TUT NOT

Ein Glücksfall ist auch der riesige Zuschnitt des Nationalparks Vorpommersche Boddenlandschaft mit über 800 Quadratkilometern. Hier kann sich die Natur an vielen Stellen völlig ungestört entwickeln, was ein Segen vor allem für die hochempfindlichen Boddengewässer ist. Im flachen Wasser der Lagunen leben Muscheln, Krebse, Schnecken, Heringe und Kleinfische in Massen. Zahlreichen Watvögeln dienen sie als Nahrungsquelle. So ist die Pommersche Bucht das wichtigste Überwinterungsgebiet für Wasservögel der gesamten Ostsee. Jährlich machen hier auch rund sechs Millionen Zugvögel Station, um sich vor dem Weiterzug Reserven anzufressen, darunter etwa 60 000 Kraniche, 15 000 Goldregenpfeifer, 5000 Kiebitze sowie viele Tausende Saat- und Blässgänse.

Ebenfalls unter Schutz stehen seit dem ereignisreichen Jahr 1990 das Gebiet Jasmund auf Rügen inklusive Kreidefelsen und der größte zusammen-

FISCHLAND, DARSS UND ZINGST
54 — 55

Ablenkungsfutterstellen sollen Fraßschäden in der Landwirtschaft mildern helfen (oben). Pramort ist ein geschätzter Beobachtungsstandort (unten).

Rechte Seite: Die Rügen im Westen vorgelagerte Insel Ummanz gehört vollständig zum Nationalpark Vorpommersche Boddenlandschaft.

Informationen

Nationalpark Vorpommersche Boddenlandschaft
Fläche: 805 km², davon 132 km² Landflächen, 673 km² Wasserflächen (Bodden und Ostsee).
Gebiet: vom Darß bis zur Halbinsel Bug auf der Insel Rügen (www.nationalpark-vorpommersche-boddenlandschaft.de)
Im Nationalpark liegt auch das NABU-Kranich-Informationszentrum Groß Mohrdorf (www.kraniche.de, S. 76).

Nationalpark Jasmund
Fläche: 31 km², davon 24 km² Landflächen.
Gebiet: Höhenrücken der Stubnitz, Steilufer inkl. die am Königsstuhl bis zu 118 m hohen Kreidekliffs, angrenzende Strand- und Uferzone (www.nationalpark-jasmund.de)

Biosphärenreservat Südost-Rügen
Fläche: 228 km², davon 125 km² Landflächen.
Gebiet: Vilm, Region Putbus bis Halbinsel Granitz (www.biosphaerenreservat-suedostruegen.de)

hängende (auch zum Weltnaturerbe der UNESCO gehörende) Buchenwald der deutschen Ostseeküste in Südost-Rügen.

Häufig ziehen Naturschützer, Urlaubsgemeinden und Touristiker an einem Strang. Sie veranstalten und bewerben Exkursionen in die Schutzgebiete, betreiben gemeinsame Naturschutzzentren und machen die Gäste auf die sensiblen ökologischen Zusammenhänge aufmerksam. Keiner, der einmal den Abendzug der Kraniche oder ihren Balztanz auf dem Darß und bei Ribnitz-Damgarten beobachten durfte, reist unbeeindruckt ab. Dennoch stellt der Tourismus auch eine Gefahr dar. Wo Jacht- und Sportboothäfen entstehen, ist für viele Watvögel und andere sensible Arten kein Platz mehr. Jeder Golfplatz entzieht Lebensraum, jedes neue Hotel trägt zur Flächenversiegelung bei.

DIE OSTSEE LEIDET

Die Schutzgebiete dienen auch der Forschung. So zählt man Jahr für Jahr akribisch die Kraniche. Lange Zeit stiegen dessen Bestände. Doch die Ornithologen sind beunruhigt. „Der Reproduktionserfolg war in manchen Gebieten schlecht in den vergangenen Jahren", berichtet Dr. Günter Nowald, der das Kranich-Informationszentrum in Groß Mohrdorf leitet. Der Klimawandel führt in den Brutgebieten immer öfter zu sintflutartigen Regenfällen, die Gelege überfluten und frisch geschlüpfte Junge töten. Auch ein kalter Frühling setzt den Kranichen zu. Hunger und Unterkühlung vernichteten die meisten Jungvögel. Vor allem die Landwirtschaft bereitet Sorgen. Wo immer mehr Raps und Mais ganze Landschaften in grüne Wüsten verwandelt, sinken die Chancen für die Kraniche.

Auch die Ostsee leidet. Frischwasser erhält sie vor allem über rund 200 Zuflüsse. Mit dem Wasser strömen allerdings auch Düngemittelreste in die See, die das Algenwachstum fördern. Sterben die Algen ab, entzieht das dem Wasser Sauerstoff. Dem Meer geht die Luft aus. Tatsächlich besteht mittlerweile ein Siebtel der Ostsee aus Todeszonen, in denen schon heute nichts mehr gedeiht.

IM KÜNSTLERWINKEL

Die Halbinsel-Kette Fischland-Darß-Zingst gehört zu den Hauptattraktionen Mecklenburg-Vorpommerns. Um das Jahr 1890 herum entdeckten Künstler den Fischlandort Ahrenshoop. Am Darßer Ort darf man der Natur selbst bei der Arbeit zusehen, Zingst prunkt mit seinen Stränden, Ribnitz-Damgarten ist für Bernstein bekannt.

❶ Ribnitz-Damgarten

Der Darß war einst die wichtigste Fundstelle für Baltischen Bernstein. Sowohl der Schmuckstein als auch die Segelschiff-Werften haben die Stadt (15 000 Einw.) an der Mündung der Recknitz bekannt gemacht. 1950 schlossen sich das mecklenburgische Ribnitz und das vorpommersche Damgarten zusammen.

SEHENSWERT

Einen Besuch des **Klarissenklosters** (Urspr. 14. Jh.) lohnt wegen der wertvollen Ausstattung der Klosterkirche. Hier befindet sich auch das eindrucksvolle **Deutsche Bernsteinmuseum** (Im Kloster 1–2, Tel. 03821/46 22, www.deutsches-bernsteinmuseum.de; April–Okt. tgl. 9.30 bis 18.00, sonst Di.–So. 9.30–17.00 Uhr). Eine gläserne Produktion mit Bernsteinverkauf bietet die Schaumanufaktur Ostsee-Schmuck (An der Mühle 30, www.ostsee schmuck.de; Mo.–Fr. 9.30–18.00, Sa. 9.30–16.00 Uhr).

UMGEBUNG

Das **Freilichtmuseum Klockenhagen** TOPZIEL vermittelt ein Bild vom Leben an der Ostseeküste in den vergangenen 300 Jahren. Großen Wert legen die Museumsmacher auf ein attraktives Programm für Familien (Mitmachangebote und Schauvorführungen alter Handwerke, Mecklenburger Straße 57, Tel. 03821/27 75, www.freilichtmuseum-klockenhagen.de; Juli, Aug. tgl. 10.00–18.00, April–Juni und Sept.–Okt. nur bis 17.00 Uhr).

INFORMATION

Touristinformation, Am Markt 14,
18311 Ribnitz-Damgarten, Tel. 03821/22 01,
www.ribnitz-damgarten.de

❷ Graal-Müritz

Das Ostseeheilbad (4000 Einw.) entstand 1938 aus dem Zusammenschluss der beiden früheren Fischerorte Graal und Müritz. Gekurt wird hier schon seit der Zeit vor 1900.

SEHENSWERT

Die **Seebrücke** wurde 1992 erbaut. Im Mai und Juni blühen über 2500 Büsche im **Rhododendronpark**. Am Wochenende um den 25. Mai steigt hier ein großes **Parkfest** mit Kunsthandwerkermarkt und diversen kulturellen Veranstaltungen (Zarnesweg 3).

AKTIVITÄTEN

Ein wohltemperiertes Meerwasserbecken und eine Saunalandschaft mit Rhassoul und Hamam bietet das **Aquadrom** (Buchenkampweg 9, Tel. 038206/8 79 00, www.aquadrom.net; tgl. 11.00 bis 20.00, Do. ab 10.00 Uhr).

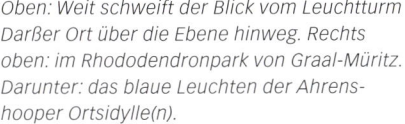

Oben: Weit schweift der Blick vom Leuchtturm Darßer Ort über die Ebene hinweg. Rechts oben: im Rhododendronpark von Graal-Müritz. Darunter: das blaue Leuchten der Ahrenshooper Ortsidylle(n).

UMGEBUNG

Südl. und westl. erstreckt sich die **Rostocker Heide**, ein rund 6000 ha großes Gebiet mit Mooren, alten Torfstichen und einem ausgedehnten Küstenwald. Für Baumfreunde interessant: alte Eiben, die bis zu 1500 Jahre alt sein sollen. Ein 26 km langer Radrundweg erschließt das Gebiet ab Graal-Müritz bis Klockenhagen. Am Südrand der Heide liegt der Forst- und Köhlerhof Wiethagen, der über alte Waldberufe informiert; ungewöhnlichstes Schauobjekt sind zwei Teeröfen, mit denen man auch Terpentin herstellen kann. Der Köhlershop verkauft Holzkohle und andere nützliche Dinge. Extra für Kinder gibt es einen Märchengarten (Tel. 038202/20 35, www.koehlerhof-wiethagen.de; April–Sept. Di.–Fr. 9.00 bis 17.00, Sa. und So. 10.00–17.00, Okt.–Mitte Dez. Di.–Fr. 9.00–16.00, So. 10.00–16.00 Uhr). Wenn Großherzog Friedrich Franz III. in der Rostocker Heide zu jagen beliebte, machte er gern Station in seinem **Jagdschloss Gelbensande** (1887); heute dienen die original erhaltenen Innenräume als Museum (Mai–Okt. tgl. 10.00–17.00, im Winter 11.00–16.00 Uhr, www.museum-jagdschloss-gelbensande.de).

INFORMATION

Tourismus- und Kur-GmbH,
Rostocker Str. 3,
18181 Ostseeheilbad Graal-Müritz,
Tel. 038206/70 30, www.graal-mueritz.de

❸ Ostseebad Wustrow

Ab 1880 wandelte sich Wustrow (1200 Einw.) vom Fischerdörfchen zum Seebad. Seeleute besuchten die 1846 gegründete Großherzoglich-Mecklenburgische Navigationsschule, die in

INFOS & EMPFEHLUNGEN

Boddentörn *Tipp*

Am Althager Hafen bei Ahrenshoop können Sie auf einem traditionellen roten Zeesenboot mit auf den Bodden fahren. Während der geruhsamen Fahrt vorbei am Uferschilf und hinaus aufs offene Gewässer bleibt Zeit, um über die Geschichte der Zeesenboote und die Fischerei zu sprechen. Lieber nur zuschauen? Dann auf zur Zeesenbootregatta: Austragungshäfen sind Althagen, Barth, Bodstedt, Dierhagen, Wustrow und Zingst.

MITFAHREN
Räucherhaus Schönthier,
18347 Ahrenshoop-Althagen,
www.raeucherhaus.net
Peter Eymael, Barnstorf 1,
18347 Wustrow, www.zeesboot.de
Infos bei den Kurverwaltungen

den Jahren 1969 bis 1992 eine Ingenieurhochschule für Seefahrt war.

SEHENSWERT
1993 bekam Wustrow seine **Seebrücke**. In Barnstorf stehen auf einer Landzunge noch vier malerische mittelalterliche rohrgedeckte **Bauernhäuser**; eines wurde zur Kunstscheune, um wechselnden Ausstellungen einen besonderen Rahmen zu geben (Barnstorf 1, Tel. 038220/2 01, www.kunstscheune-barnstorf.de; Mai-Mitte Okt. tgl. 10.00-13.00 und 15.00 bis 18.00, Weihnachts- und Osterzeit tgl. 11.00 bis 17.00 Uhr).

VERANSTALTUNG
Höhepunkt im Wustrower Festkalender ist die **Zeesenboot-Regatta** am ersten Juli-Samstag.

HOTELS
Traumhaft schön gleich direkt hinter den Dünen liegt das €€€€ **Strandhotel Dünenmeer** (Birkenallee 20, 18347 Ostseebad Dierhagen, Tel. 038226/50 10, www.duenenmeer.com) ein komfortables Haus nur für erwachsene Gäste. Das nur 800 m entfernte €€€€ **Strandhotel Fischland** (Ernst-Moritz-Arndt-Str. 6, 18347 Ostseebad Dierhagen, Tel. 038226/520, www.strandhotel-fischland.de) ist ganz auf Familien mit Kindern eingestellt.

INFORMATION
Kurverwaltung, Ernst-Thälmann-Straße 11, 18347 Ostseebad Wustrow, Tel. 038220/2 51, www.ostseebad-wustrow.de

4 Ahrenshoop

Um 1900 wurde Ahrenshoop (620 Einw.) als Künstlerkolonie bekannt. Seither steht hier alles hoch im Kurs, was mit Kunst zu tun hat.

SEHENSWERT
Malerisch zeigt sich das **Ortsbild** TOPZIEL  mit reetgedeckten Häusern, blumenreichen Gärten, kleinen Gassen. Die Hauptverkehrsstraße führt mitten durch den Ort, beiderseits zweigen schmale Sträßchen ab, die zu Entdeckungstouren auffordern. Während der Hochsaison ist das Gedränge ziemlich groß. Teure Boutiquen und noch viel teurere Hotels und Restaurants lassen keinen Zweifel: Geld spielt keine Rolle.

MUSEEN UND GALERIEN
Das **Kunstmuseum** zeigt Werke der Gründergeneration der Künstlerkolonie sowie hochkarätige Wechselausstellungen. Architektonisch orientieren sich die Ausstellungshäuser an den Fischerkaten der Umgebung (Weg zum Hohen Ufer 36, Tel. 038220/6 67 90, www.kunstmuseum-ahrenshoop.de; April-Okt. tgl. 11.00-18.00, sonst Di. bis So. 10.00-17.00 Uhr). Der kobaltblau gestrichene **Kunstkaten** geht auf den Gründer der Künstlerkolonie zurück, Paul Müller-Kaempf, der hier 1909 eine Stätte der Begegnung einrichtete, in der sich Künstler und Käufer zwanglos treffen konnten (Strandweg 1, Tel. 038220/ 8 03 08, www.kunstkaten.de). Wechselausstellungen veranstaltet die **Galerie im Dornenhaus** (Bernhard-Seitz-Weg 1, Tel. 038220/8 09 63, www.dornenhaus.de). Wer heute Kunstschaffende kennenlernen will, geht am besten zum Tag der offenen Tür im **Haus Lukas**. Dort zeigen die Stipendiaten ihre Werke, veranstalten Lesungen, Ausstellungen und Performances und plaudern mit Gästen. Das Haus vergibt alle zwei Jahre Stipendien (Dorfstraße 35, Tel. 038220/ 69 40, www.kuenstlerhaus-lukas.de).

EINKAUFEN
Andenken, Schreibwaren, Bücher, Schmuck, schöne Postkarten ergattert man in der **Bunten Stube** (Dorfstraße 24, www.bunte-stube.de; Juli und Aug. Mo.-Sa. 10.00-18.30, So. 12.00 bis 17.00 Uhr, sonst wechselnde Zeiten).

HOTELS UND RESTAURANTS
Beste Aussicht auf die Ostsee bieten die seeseitigen Zimmer im €€€€ **The Grand**. Die Räume sind großzügig, der Service ist freundlich, die Atmosphäre entspannt. Mit Wellness und **Bar Weitblick** auf dem Dachgeschoss (Schifferberg 24, 18347 Ostseebad Ahrenshoop, Tel. 038220/67 80, www.the-grand.de). Kunst ist ein Thema im €€€€ **Hotel Namenlos** (Dorfstraße 44, 18347 Ahrenshoop, Tel. 038220/60 60 00, www.hotel-namenlos.de). Geschmackvoll eingerichtete Räume erfreuen den Gast im €€€ **Charlottenhof**. Im Restaurant wechseln die kleinen Gerichte täglich, die Kuchen sind selbst gemacht (Grenzweg 3, 18347 Ostseebad Ahrenshoop, Tel. 038220/302, www.charlottenhof-ahrenshoop.de). Jeden Tag von April bis Okt. wirft das € **Räucherhaus** seinen Ofen an, um ihn um 11.30 Uhr zu öffnen. Fischverkauf gleich ab Ofen; im Restaurant isst man gut mit Blick auf den Althäger Minihafen (mit behaglichen Ferienwohnungen, Hafenweg 6, Tel. 038220/69 46, www.raeucherhaus.net).

AKTIVITÄT
Von Ahrenshoop führt ein **Wanderweg** an der Kliffkante entlang über den Bakelberg (17,9 m) nach Wustrow (5 km). Am Hohen Ufer nagt unübersehbar die Erosion.

INFORMATION
Kurverwaltung, Kirchnersgang 2, 18347 Ostseebad Ahrenshoop, Tel. 038220/66 66 10, www.ostseebad-ahrenshoop.de

5 Prerow

Alte Kapitänshäuser, ein herausragender Sandstrand und die Nähe zum Darßwald zeichnen Prerow (1500 Einw.) aus. Besser als am Darß lässt sich nirgendwo sonst das Entstehen der Landschaft beobachten.

SEHENSWERT
Der rund 80 m breite **Strand** und die **Seebrücke** (1993) zieren das alte Fischerdorf. 1728 wurde die **Seemannskirche** errichtet, in der Votivschiffe an das alte Gewerbe erinnern. Rund um Botanik, Geologie und Ornithologie informiert das **Darß-Museum**, das auch eine interessante Haustürensammlung zeigt (Waldstraße 48, April Mi.-So. 10.00-17.00, Mai-Okt. Di.-So. 10.00-17.00, Nov.-März Fr.-So. 13.00 bis 17.00 Uhr).

AKTIVITÄT
Den **Darßer Urwald** erkundet man am besten mit dem Rad. Fahrradvermietungen in Prerow und Zingst (www.fischland-darss-zingst.de).

UMGEBUNG
Das **Natureum**, Außenstelle des Stralsunder Meeresmuseums, liegt unmittelbar am **Leuchtturm Darßer Ort** (1848) und zeigt eine interessante Ausstellung zur Küstendynamik (www.natureum-darss.de, 8 km nördl. von

EINDRUCKSVOLLE SCHIFFSMODELLE GIBT ES IM MUSEUMSHOF ZINGST ZU BESTAUNEN.

FISCHLAND, DARSS UND ZINGST

Prerow, zu Fuß 2 Std., mit Rad oder Kutsche 45 Min.; Mai, Sept., Okt. tgl. 10.00–17.00, Juni bis Aug. bis 18.00, Nov.–April Mi.–So. 11.00 bis 16.00 Uhr). Die ruhigen Dörfchen **Born** und **Wiek** (5 km südl.) liegen an der Boddenseite des Darß. Das Nationalpark- und Gästezentrum **Darßer Arche** informiert über die Lebensräume im **Nationalpark Vorpommersche Boddenlandschaft TOPZIEL** und veranstaltet Exkursionen (Bliesenrader Weg 2, Wieck, www.darsser-arche.de; Juni–Sept tgl. 9.00–17.00, April tgl. 10.00–16.00, Mai, Okt. 10.00–17.00, Nov.–März Di.–Sa. 10.00 bis 16.00 Uhr).

INFORMATION
Kur- und Tourismusbetrieb, Gemeindeplatz 1, 18375 Ostseebad Prerow, Tel. 038233/6100, www.ostseebad-prerow.de

⑥ Zingst

Ab 1881 wandelte sich das Fischerdorf zum Ostseebad. Heute ist Zingst (3000 Einw.) das touristische Zentrum der Gegend. Meer und Bodden kommen sich hier recht nah.

MUSEEN
Das **Heimatmuseum Zingst** informiert über die Ortsgeschichte, stellt die Werke örtlicher Künstler aus und zeigt elf beeindruckende Schiffsmodelle. Nicht verpassen: die Aktionstage (Strandstr. 1, Mai–Okt. tgl. 10.00–18.00, sonst Do.–So. 10.00–16.00 Uhr, www.museum-zingst.de).
Im **Experimentarium** lernen Kinder interaktiv allerhand über Wissenschaft und Technik (Seestraße 76, www.experimentarium-zingst.de; Juli, Aug. tgl. 10.00–18.00, April–Juni Di.–So. 10.00–17.00, Winter bis 16.00 Uhr).

UMGEBUNG
Die Inseln **Werder** und **Bock** liegen östlich von Zingst, **Großer Kirr** und **Barther Oie** südlich. Weil hier Zugvögel rasten, allen voran die Kraniche im Bereich Zingst/Bock, zählen die Inseln zu Vogelschutzgebieten von europäischer Bedeutung. Über die Sundischen Wiesen erreicht man den Kranichbeobachtungsstand **Pramort**. Südl. des Boddens liegt das Städtchen **Barth** (8600 Einw.). Es beansprucht wie Zinnowitz, die wahre Vineta-Stadt zu sein. Im alten Rathaus hat das Vineta-Museum seinen Sitz; es informiert u.a. über den Mythos Vineta (Lange Straße 16, www.vineta-museum.de; Di.–Fr. 10.00–17.00, Sa., So. 11.00–17.00 Uhr). Schmuckstück des Niederdeutschen Bibelzentrums St. Jürgen ist eine sehr wertvolle Ausgabe der Barther Bibel (Sundische Straße 52, www.bibelzentrum-barth.de; Di.–Sa. 10.00–18.00, So. 12.00–18.00 Uhr, Fei. gesonderte Zeiten).

INFORMATION
Kur- und Tourismus-GmbH, Seestraße 57, 18374 Ostseeheilbad Zingst,
Tel. 038232/8 15 80, www.zingst.de
Barth Information, Markt 3/4,
18356 Barth, Tel. 038231/24 64,
www.stadt-barth.de

TOP-NATUR IM FILM

Im Oktober, wenn das Licht in ein samtiges Rotgold wechselt und optimal fürs Fotografieren wird, trifft sich alles, was in der Naturfilmerszene Rang und Namen hat, dazu Naturverbundene aus Nah und Fern auf der Halbinsel Fischland-Darß-Zingst. Fünf Tage lang zeigen im Örtchen Darß international renommierte Naturfilmerinnen und -filmer, was sie in den entlegensten Regionen der Welt oder auch in der heimischen Natur vor die Kamera bekommen haben.

Natur exzellent zu filmen, ist eine hohe Kunst, erfordert viel Ausdauer und noch mehr handwerkliches Geschick. Welche Herausforderungen zu meistern sind, erläutern die Experten im direkten Gespräch. Das Festival gipfelt in der Verleihung des Deutschen Naturfilmpreises. Für das Publikum unvergesslich: die faszinierende Boddenlandschaft ringsum, die Lust macht, selber loszuziehen und zu fotografieren.

Noch mehr Naturfotografie bietet in Zingst das Max Hünten Haus mit der „Erlebniswelt Fotografie Zingst". Erstklassige Wechselausstellungen machen Lust, selber einmal die Kamera in die Hand zu nehmen oder sich fotografisch weiterzuentwickeln. Profis geben Tipps rund um Belichtung, Brennweite, Weißabgleich, zum Fotografieren mit dem Smartphone, wie man Kranich und Schmetterling im Gelände aufnimmt, wie Makroaufnahmen gelingen, dazu Neuigkeiten aus der digitalen Trickkiste.

Zingst und Darß sind Freunden von Naturfilm und -foto wohlbekannt.

Darßer Naturfilmfestival
jährlich Anfang Oktober. Mit zahlreichen Filmvorführungen, Gesprächen mit Filmemachern und Regisseuren, Workshops rund ums Filmen und Fotografieren. Höhepunkte sind die Vergabe des Deutschen Naturfilmpreises, des Jugendfilmpreis im Chamäleon-Naturfilmwettbewerb und der Publikumspreis.

www.deutscher-naturfilm.de

Max Hünten Haus
Schulstraße 3, Zingst
tgl. 10.00–16.00 Uhr. Workshops und Exkursionen auf
www.zingst.de/fotografie, Tel. 038232 16 51 10
Exkursionen zu den Kranichen frühzeitig buchen!

Stralsund und Greifswald

IM ZEICHEN DER HANSE

Stralsund und Greifswald gehörten einst zu den bedeutendsten pommerschen Hansestädten. Während Stralsund vor allem für seine besonders schöne Altstadt berühmt ist, ging Greifswald als Heimatstadt von Caspar David Friedrich in die Geschichte der romantischen Malerei ein.

Blick von der St.-Marien-Kirche auf Stralsunds Altstadt. Neben St. Nikolai ragt der Schmuckgiebel des Alten Rathauses auf.

Blick von der Hafeninsel: Aus dem Stralsunder Altstadt-Dächermeer ragen St. Jacobi (links) und St. Nikolai (rechts) auf.

Gegenüber der mächtigen Kirche St. Nikolai wirken die Häuser am Alten Markt winzig.

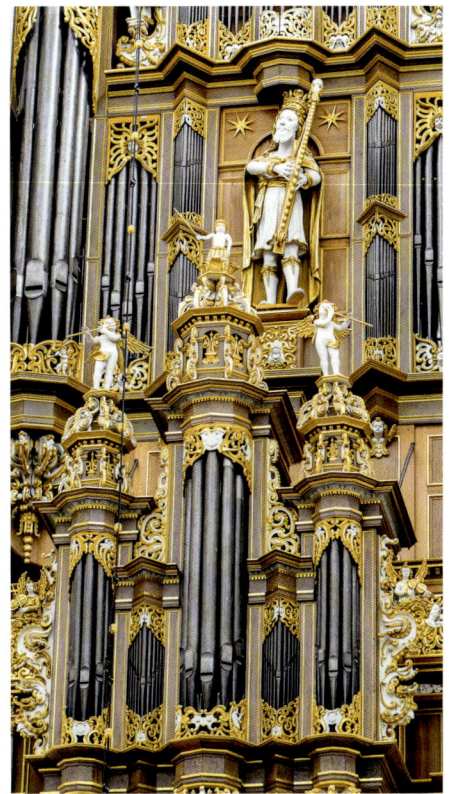

Im Jahr 1659 wurde die Stellwagen-Orgel aus Lübeck eingebaut: St. Marien in Stralsund.

Aus der Knieperstraße erhascht man diesen schönen Blick auf einen der gotischen Rathausgiebel.

> **EINE „MEERSTADT IST STRALSUND, VOM MEER ERZEUGT, DEM MEERE ÄHNLICH, AUF DAS MEER IST SIE BEZOGEN IN IHRER ERSCHEINUNG UND IN IHRER GESCHICHTE".**
>
> Ricarda Huch (1864–1947)

Dort, wo die Küstenlinie scharf Richtung Südosten abknickt und der Strelasund die Insel Rügen vom Festland trennt, liegt Stralsund. Vom Meer aus orientierten sich Seeleute viele Jahrhunderte an der Skyline der alten Hansestadt: rechts die Nikolaikirche, links die monumentale Kirche St. Marien und in der Mitte St. Jakobi, deren Turmspitze von vier kleinen Türmchen flankiert wird. Wichtigste Zutat des 20. Jahrhunderts zur Skyline sind die Werften, die im Osten Landmarken setzten.

AM ALTEN MARKT

Wahrzeichen der Stadt ist das Backstein-Rathaus aus dem 13./14. Jahrhundert mit seinem Schaugiebel aus schmalen, spitzen Pfeilern und Rosetten, Durchbrüchen und getreppten Giebeln. Fast fühlt man sich an ein Spitzentüchlein erinnert, in Backstein übersetzt. Nicht weniger filigran der Schaugiebel des Wulflamhauses gleich gegenüber. Bertram Wulflam, langjähriger Bürgermeister, geschickter Diplomat und schwerreicher Tuchhändler, erbaute es im Jahr 1358. Vom Fenster aus sah er auf die Buden der Bäcker, Schuster, Krämer, Schneider und Pelzer, um die sich die kauflustige Kundschaft von weither drängte. Auf dem Marktplatz wurde Recht gesprochen, stellte man Gesetzesbrecher an den Pranger oder hängte sie sogar auf. Im Dritten Reich marschierten Nazis auf, in der DDR parkten hier Trabis. Heute beginnen am Alten Markt die Touristen, sich durch die Gassen treiben zu lassen, um dort die Backsteingotik zu bewundern und ein wenig Hanseflair zu schnuppern.

PERFEKTE NETZWERKER

Stralsund trägt wie Rostock und Wismar die Farben Rot und Weiß im Wappen, die Farben der Hanse. Von den gut gesicherten Häfen aus stachen dickbauchige Koggen in See, um im Ostseeraum sowie darüber hinaus Handel zu treiben. Aus den Wäldern Nordrusslands, aus Persien und später aus China bezogen die Kaufleute Getreide und Holz, Bienenwachs und feinste Pelze. Im Gegenzug lieferten sie Tuche, Waffen, Gewürze und Wein.

Der Ostseeraum gilt als Kernland der Hanse und Lübeck als erste Hansestadt. Damit die Schiffe voller Waren landen konnten, bedurfte es sicherer Häfen. Einen solchen konnte auch Stralsund bieten, das zur bedeutendsten Hansestadt nach Lübeck aufstieg. 1249 brannten die Lübecker die alte Konkurrentin noch nieder. Dann erkannte man, dass ein Bündnis mehr Vorteile bietet. 1293 schlossen beide Städte mit Rostock, Wismar, Greifswald und anderen Ostseestädten

Stralsunder Altstadtensemble mit Blick auf St. Jacobi (oben links). Unter dem Bug der „Gorch Fock" zeigt sich das Lotsenhaus von 1901, in dem heute das Hafenamt untergebracht ist (oben rechts). Bei einem Besuch in der Störtebeker Braumanufaktur gibt es diesen historischen Sudkessel zu sehen (unten links). In den backsteingotischen Räumen des einstigen Katharinenklosters haben auch das Deutsche Meeresmuseum und sein Finnwalskelett ein geeignetes Domizil gefunden (unten rechts).

Mit einer gelungenen Mischung aus Bar, Club und Rockschuppen hat sich die „Werkstatt" auf der Stralsunder Hafeninsel in der Szene etabliert.

Fischspezialität

Bismarcks leckerer Hering

Special

Fangfrisch, sofort mild und sauer eingelegt in einer wohlmundenden Marinade aus Zwiebeln, Senfkörnern und Lorbeerblättern, Essig und Öl – das ist der Bismarckhering, wie man ihn überall kennt und schätzt.

Von der Entstehung des Bismarckherings handeln diverse Anekdoten. Eine davon spielt in Stralsund. Dort soll Karoline Wiechmann, die Ehefrau des Fischhändlers Johann Wiechmann, das Rezept kreiert haben. Ihr Gatte hatte offenbar ein gutes Händchen fürs Marketing und verschickte im Jahr 1871 Otto von Bismarck ein Fässchen, verbunden mit der Bitte, der Spezialität den Namen des damaligen Reichskanzlers geben zu dürfen. Bismarck kostete – und stimmte zu.

Heute stellt Fischhändler Henry Rasmus (Abb. rechts) in der Stralsunder Heilgeiststraße 10 nicht nur den Bismarck-Hering nach dem Originalrezept von 1871 her, sondern hält die Tradition aufrecht, Politikern dieser Welt ein Fässchen von diesem Hering zu schenken. Angela Merkel, George W. Bush und François Hollande durften schon eines in Empfang nehmen.

einen Vertrag zu gegenseitigem Beistand gegenüber Piraten, anderen Städten – und Landesherren. Die ungeheuren Summen, die die „Pfeffersäcke" verdienten, investierten sie auch zur Ehre Gottes – beispielsweise in Stralsunds mächtige Kirchen, die an Schönheit, Ausstattung und Größe ihresgleichen suchen.

SILBER DES MEERES

Der frühe Vormittag ist die beste Zeit für einen Hafenbesuch. Dann liegen die Stralsunder Fischkutter wieder am Pier. Schweigsame Männer mit rissigen Händen und wettergegerbten Gesichtern sortieren, was ihnen in Stellnetz oder Reuse ging: Hering, Dorsch (auch Kabeljau genannt), Zander, Barsch, eine Extra-Wanne für den sich noch windenden Aal. Auf der Kaimauer steht ein grober Tisch, wo ihre Frauen in Gummischürzen den Fang ausnehmen und verkaufen. Die rußig-schwarzen Räucheröfen sind angeheizt, sorgsam nebeneinander aufgereiht hängen die Fische im offenen Rauch. Schon zum Frühstück verspeist man hier Fischbrötchen. Zwischen zwei Brötchenhälften bleibt von der Schönheit eines Herings nicht viel übrig. Nur unter Wasser schillert und glänzt er in allen Farben von purpur bis grünlichblaugrau. Sammeln sich Hunderte, Tausende im Schwarm, wirkt dieser wie flüs-

Blick auf die moderne Greifswalder Hafenfront am Hansaring. Die „Dicke Marie" (links) ist die älteste der Stadtkirchen. Weiter rechts ragt der Greifswalder Dom auf, das städtische Wahrzeichen.

Die Gemäldegalerie des Pommerschen Landesmuseums ist in dem klassizistischen, nach Caspar David Friedrichs Zeichenlehrer benannten Quistorp-Bau untergebracht.

Der Greifswalder Dom St. Nikolai hat seinen Ursprung im 13. Jahrhundert.

Im Jahr 1887 entstand im Greifswalder Vorort Wieck diese Klappbrücke nach holländischem Vorbild.

siges Silber, eine lebendige Masse aus Leibern, die sich im vollkommenen Gleichklang bewegt. Im Stralsunder Ozeaneum haben sie das „Silber des Meeres" eingefangen und einem Heringsschwarm ein riesiges Schaubecken gegeben.

AQUARIUM DER SUPERKLASSE

Zwischen Backsteinspeichern aus alter Zeit erhebt sich am Hafen ein weißer Bau mit vielen Rundungen, das zum Deutschen Meeresmuseum gehörende Ozeaneum. In den 50, zum Teil riesigen Aquarien tummeln sich keine Exoten, sondern Meeresgetier der Nord- und Ostsee und aus dem Polarmeer. 2,6 Millionen Liter fasst allein das Becken „Offener Atlantik"; es zieht sich über zwei Etagen. Fasziniert bestaunen die Besucher die Welt der Dorsche, Flundern und Lippfische. Petermännchen wühlen sich in den Sand des Wattenmeerbeckens. Der 2,5 Meter lange Sandtigerhai zieht im Schwarmfischbecken seine Bahnen. In Zeitlupentempo bewegen sich zarte Ohrenquallen durch ihr Becken. Sie gehören zu den heikelsten Schützlingen des Ozeaneums, ihre Wasserwelt muss in ständiger Bewegung gehalten werden.

Auch Kaltwasserkorallen werden in eigens dafür gebauten Aquarien gezeigt.

Damit jeder Bewohner gut gedeiht, muss die Wasserqualität stimmen. Das wird eigens angemischt und penibel kontrolliert. Ein falscher Handgriff kann zum Massensterben führen. Auch zur Kombination der Arten gehört Sachkenntnis: Den Besuchern soll ja nicht das große Fressen vorgeführt werden. Lieblinge des Publikums sind die Humboldt-Pinguine auf der Dachterrasse. Anders als im Zoo kann man sie auch unter

DAS OZEANEUM ZEIGT DIE GRÖSSTE OSTSEEAUSSTELLUNG EUROPAS.

Wasser beobachten und erkennt, mit welcher Eleganz sich die am Land so plump wirkenden Tiere hier bewegen.

KINDERSTUBE DER HERINGE

Im zeitigen Frühjahr stehen die Fischer unter Hochspannung. Wann werden die großen Heringsschwärme in den Greifswalder Bodden ziehen? Zum Ablaichen steuern die Fische aus der gesamten westlichen Ostsee diese flachere Gewässerzone an. Dann schlägt die Stunde der Fischer von Usedom, Rügen und Greifswald. Was sich in Stell- und Schleppnetz verfängt, transportiert man zu einem großen Teil ins EuroBaltic-Fischwerk in Sassnitz auf Rügen. Hier werden in Europas modernster Fischverarbeitung von 200 Arbeitern pro Jahr 50 000 Tonnen Hering filetiert, mariniert oder schockgefrostet. Doch wie sieht die Zukunft aus? Im Jahr 2017 arbeiteten an der Ostseeküste noch gut 200 Fischer hauptberuflich, die Tendenz ist stark fallend. Anders als bei den Hobbyfischern: Auf dem Rügendamm stehen täglich bis zu 400 dicht an dicht und holen sich die Heringe – frei von allen Bestimmungen, die Berufsfischer einschränken. Deren Fangquoten werden von der Europäischen Union Jahr für Jahr neu festgelegt und oft nach unten korrigiert, um der Überfischung vorzubeugen. Für 2019 steht ein Herings-Fangverbot im Raume.

Geht es den Fischern „nur" um ihre berufliche Existenz, kämpfen die Unterwasserbewohner ums nackte Überleben. Ihre Ostsee ist mittlerweile das schmutzigste Meer der Welt. Flüsse tragen Dünger und Pestizide aus der Landwirtschaft ins Wasser; Müll, Öl, Gift und Dreck werden direkt und unverdrossen eingeleitet, allen Beschränkungen zum Hohn. Auch

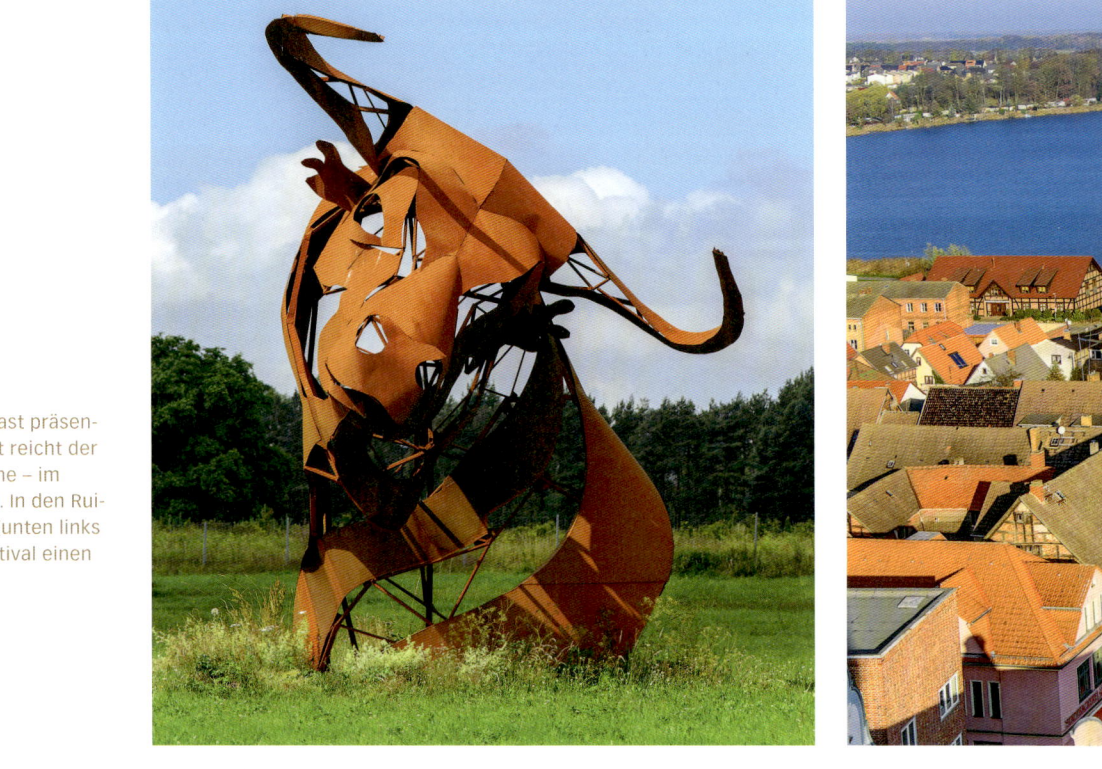

Der Skulpturenpark in Katzow bei Wolgast präsentiert Zeitgenössisches (oben links). Weit reicht der Blick vom Turm der Wolgaster Petrikirche – im Vordergrund das Rathaus (oben rechts). In den Ruinen des spätmittelalterlichen Klosters (unten links und rechts) findet das Eldenaer Jazzfestival einen stimmungsvollen Rahmen.

die vielen Vergnügungsdampfer, Sportboote, Angler und nicht zuletzt der Ausbau der Ostsee als Plattform für erneuerbare Energie machen dieses Meer als Lebensraum zunehmend schwierig.

GEBURT DER ROMANTIK

Pommern ist die Wiege der romantischen Malerei in Deutschland, zwei ihrer wichtigsten Vertreter sind hier geboren: Caspar David Friedrich (1774–1840) in Greifswald und Philipp Otto Runge (1777–1810) in Wolgast. Friedrich ist der weit populärere, seine Kreidefelsen auf

> „DER MALER SOLL NICHT BLOSS MALEN, WAS ER VOR SICH SIEHT, SONDERN AUCH WAS ER IN SICH SIEHT."
>
> Caspar David Friedrich (1774–1840)

Rügen und die (mit sechs weiteren Werken des Malers in der Greifswalder Gemäldegalerie zu sehende) „Ruine Eldena im Riesengebirge" kennt quasi jedes Kind. Einsamkeit, Melancholie, das Ausgesetztsein in einer zweifelhaften Welt sprechen aus diesen Bildern. Das Schicksal hat es mit dem Sohn eines Seifensieders nicht gut gemeint. Mal lobten die Kritiker seine Werke überschwänglich und der Geldstrom floss, mal folgte der Verriss. Friedrich galt als menschenscheu und starb verarmt mit 64 Jahren in seiner Wahlheimat Dresden.

Der Reedersohn Philipp Otto Runge studierte wie Caspar David Friedrich in Kopenhagen und Dresden. Vor allem seine Portraits, Blumenbilder und Scherenschnitte sind berühmt. Was wenige wissen: Er verfasste auch Gedichte. Goethe förderte den Künstler, dessen Werke er „zum Rasendwerden, schön und toll zugleich" fand, und fügte mit dem ihm eigenen Weitblick hinzu: „Wer so auf der Kippe steht, muss sterben oder verrückt werden, da ist keine Gnade." Tatsächlich wurde Runge nur 33 Jahre alt. Er starb an Tuberkulose.

ZUR SACHE

Moderne Architektur

EIN UFO AM STRAND

Backsteingotik und Bäderarchitektur sind wichtige architektonische Höhepunkte an der Ostseeküste, aber nicht die einzigen. Auch die Baukunst im 20. und 21. Jahrhundert setzt Akzente. Weltniveau erreichten die Bauten von Ulrich Müther.

Zum Architekturklassiker wurde der Warnemünder „Teepott" (unten), zu einem Ort, an dem sich Paare das Ja-Wort geben, der Binzer Rettungsturm (oben). Beides sind Bauten von Ulrich Müther.

STRALSUND UND GREIFSWALD

Eine international renommierte Legende unter den ostdeutschen Architekten ist der in Binz auf Rügen geborene Ulrich Müther (1934 bis 2007). Mit seinen futuristischen „Hyparschalen-Konstruktionen" prägt er die Architektur der Nachkriegsmoderne. In der DDR „Sonderbauten" genannt, entfernen sich seine Bauwerke aus Stahl, Beton und Schalentragwerken weit von der ansonsten vorherrschenden sozialistischen Stilrichtung: Neben deren tristen Plattenbauten brauchte man irgendetwas, „das ein wenig Schwung hat", erklärte Müther selbst dazu.

AUSSERIRDISCHES AM STRAND

Große Glasflächen, selbsttragende Decken und organisch geschwungene Konturen verleihen Müthers Bauten Leichtigkeit und Extravaganz. Berühmtestes Beispiel ist der „Teepott" gleich neben dem Leuchtturm von Warnemünde. Müther formte aus drei Betonschalen ein bis zum Boden reichendes Dach, durchgehende Glasfronten bildeten die Wände. So gelang ihm ein muschelartiger Baukörper, der inzwischen zum Wahrzeichen avancierte. Aber es geht noch futuristischer. Das bewies Münther mit seinem kleinsten Bauwerk, dem 1981 errichteten Rettungsturm in Binz. Das zart-weiße Gebilde mit den rundlichen Fenstern erinnert an die Landekapsel von Außerirdischen.

ZITIERTE TRADITION

Im Hafen von Stralsund hat man sich getraut, zwischen die Kulisse aus roten Backsteinspeichern einen schneeweißen Stahlbetonbau zu schieben, das 2008 eröffnete Ozeaneum. Seine äußere Hülle in Form von organisch geschwungenen Bändern besteht aus weiß beschichteten Stahlplatten, wie sie im Schiffsbau verwendet werden. Für den Bau erhielt das Stuttgarter Architektenbüro Behnisch bedeutende Auszeichnungen.

EXTRAVAGANTE ENTWÜRFE

Wo, wenn nicht in dem Künstlerstädtchen Ahrenshoop, sollte man ebenfalls moderne Würfe wagen? Der extravaganteste Bau, geplant vom Nürnberger Architekt Roland Nörpel, ist hier allerdings ein Privathaus – eine Architektur-Skulptur zum Wohnen, deren Wände bis zum Boden mit Reet verkleidet sind. Wer das halbrund gekrümmte, von einer Glaskuppel überdachte Gebäude betrachten will, muss über den Gartenzaun schauen.

Das 2013 im selben Ort eröffnete Kunstmuseum orientiert sich von der äußeren Form her an historischen Fischerhäusern. Fensterlos wirkt das Ensemble sehr verschlossen, doch im Innern bleibt umso mehr Platz für die Kunstwerke. Die gesamte Außenhaut der fünf Gebäude ist aus einem Guss, Dächer und Wände überzieht eine eigens gefertige Messingverkleidung in Schlammbraun.

Da fand man in Zingst gefälligere Lösungen und verkleidete das 2011 eröffnete Max Hünten Haus für Fotografie mit Lärchenholzlamellen. So fügt sich der Bau harmonisch in den traditionellen örtlichen Bautypus ein.

Harmonisch integriert sich das Stralsunder Ozeaneum in die historische Hafenarchitektur. Das Museum besteht aus vier amorph geformten Gebäudeteilen, die an (vom Wind aufgeblähte) Segel erinnern und durch ein lichtdurchflutetes gläsernes Foyer miteinander verbunden sind.

Auf einen Blick

Bauwerke von Ulrich Müther an der Ostseeküste (Auswahl):
1966 „Inselparadies" Baabe (Fritz-Reuter-Weg 21)
1967 ehem. Bushaltestelle, Binz (Kreisverkehr Proraer Chaussee/Dollahner Straße)
1967/1968 „Teepott" Warnemünde (Seepromenade 1)
1968 „Ostseeperle" Glowe (Hauptstraße 65)
1981 Rettungsturm Binz (Strandzugang 6)
1987 Musikpavillon Sassnitz, Strandpromenade

Ozeaneum Stralsund (s. S. 75)
Kunstmuseum Ahrenshoop (s. S. 60)
Max Hünten Haus Zingst (s. S. 61)

PERLEN DER HANSE

Stralsund und Greifswald waren einst die beiden bedeutendsten und reichsten Hansestädte Vorpommerns. Noch heute sind die prächtigen Kirchen und Bürgerhäuser im Stil der Backsteingotik ebenso ein Tourismusmagnet wie hervorragende Natur- und Kunstmuseen.

❶ Stralsund

Der mittelalterliche Stadtkern der einstigen Hansestadt (59 000 Einw.) ist fast vollständig erhalten und zählt zusammen mit der Altstadt Wismars zum UNESCO-Weltkulturerbe. Am Ufer des Strelasunds liegt die fast vollständig von Wasser umgebene Altstadt. 1234 erstmals erwähnt, trat die Stadt 1293 der Hanse bei und stieg zu einem der mächtigsten Handelszentren des Ostseeraums auf. 1628–1814 gehörte Stralsund zu Schweden, ab 1815 zu Preußen. Während der DDR-Zeit ein wichtiger Werftstandort, wurde die Volkswerft in der Nachwendezeit insolvent und 2014 von einem russischen Unternehmen übernommen. Die Schiffsbauhallen dominieren gemeinsam mit den Türmen der Altstadtkirchen die Skyline der Stadt. Eine gut sichtbare Landmarke bildet auch der 128 m hohe Pylon der 4,1 km langen Rügenbrücke. Sie führt von Stralsund nach Rügen.

Ganz oben: Hafen und Altstadt von Stralsund. Darunter: Blick in die Kapitänskajüte der Gorch Fock I in ihrem Heimathafen Stralsund. Rechts: das gotische Stralsunder Rathaus.

SEHENSWERT

In der **Altstadt TOPZIEL** hat sich ein reiches Ensemble an Gebäuden aus vielen Epochen erhalten. Eines der berühmtesten Fotomotive ist das **Rathaus** mit seiner Schaufront aus Türmchen, getreppten Giebelchen und Rosetten; 20 Jahre lang wurde das Prachtstück saniert. An der Rückfront öffnet sich eine zweischiffige Laubenhalle, an die sich eine überdachte Passage anschließt. Sie bietet, wie die Arkaden auf der Marktseite, diversen Läden Raum. Die prachtvollen Kellergewölbe dienen Veranstaltungen. Nebenan erhebt sich **St. Nikolai**, die älteste Kirche von Stralsund (1270–1350); der Südturm trägt nach einem Brand eine barocke Haube, der Nordturm blieb ohne Turmaufsatz. Wie gut es einst der Stadt ging, zeigt sich an der Innenausstattung der Kirche, zu ihrer Zeit eine der reichsten Nordeuropas: 56 Altäre befanden sich hier! Weiter beachtenswert: die Astronomische Uhr (1394) und die frühromantische Buchholz-Orgel (1841). Ein Juwel der Backsteingotik ist das **Wulflamhaus** von 1358 (Alter Markt 5). Das **Katharinenkloster**, 1251 von Dominikanern gegründet, ist heute Sitz des Kulturhistorischen Museums – beim Besuch einen Blick auf den gotischen Kapitelsaal werfen! Wuchtig-monumental wirkt die **Marienkirche**, ein Backsteinbau aus dem 15. Jh. mit eindrucksvollem Westwerk. Das Mittelschiff ist 96 m lang und 32 m hoch, was einen gewaltigen Raumeindruck erzeugt. Ausdrucksstark sind auch die mittelalterlichen Gewölbemalereien in den Säulenzwickeln. Konditionsstarke erklimmen den Turm. Am **Stadthafen** ist immer etwas los. Morgens verkaufen die Fischer ihren Tagesfang und frischen Räucherfisch, tagsüber und abends lockt die muntere Kneipenszene. An Zeiten, als noch Segler die Meere befuhren, erinnert das einstige **Segelschulschiff „Gorch Fock I"**. Es liegt an der Fährbrücke vor Anker und kann besichtigt werden. Wer sich traut, klettert auf den Großmast hinauf und schaut sich die Welt aus 12 m Höhe an (www.gorchfock1.de; Mitte März–Okt. tgl. 10.00 bis 18.00 Uhr, Nov.–Mitte März nur bis 16.00 Uhr).

MUSEEN

Was tummelt sich in Nord- und Ostsee? Die Aquarien und Dauerausstellungen des **Deutschen Meeresmuseums** geben Auskunft. Größtes Ausstellungsstück ist ein Finnwal-Skelett (Katharinenberg 14–20, Tel. 03831/ 2 65 02 10, www.meeresmuseum.de; bis voraussichtlich Frühjahr 2023 wg. umfangreicher Modernisierung geschl.). Am Hafen liegt das bereits als Europas Museum des Jahres ausgezeichnete **Ozeaneum**. Der weiße, rundliche Bau umfasst 50 Aquarien mit mehreren Tausend Fischen, darunter eigene Becken für den Heringsschwarm, für Rochen, Haie und Kraken. Auch Arten wie der Seeteufel, an deren Haltung sich sonst kein Aquarium traut, werden hier in einem 200 000-Liter-Becken gezeigt (Hafenstraße 11, Tel. 03831/265 06 10, www.ozeaneum.de; tgl. 9.30–20.00, Okt.–Mai bis 18.00 Uhr). Um Meeres- und Fischereiforschung sowie Schifffahrt dreht sich alles im **Nautineum** (Zum kleinen Dänholm, www.meeresmuseum.de/nautineum; Mai–Okt. Di. 10.00–16.00 Uhr, Nov.–April geschl.). Im Katharinenkloster zeigt das **Stralsunder Museum** viele bedeutende Exponate zur Geschichte der Stadt, außerdem nautische und astronomische Instrumente, eine herausra-

INFOS & EMPFEHLUNGEN

Über den Dächern der Stadt: Pinguin-Fütterung im Stralsunder Ozeaneum.

gende Paramentensammlung (mittelalterliche Priesterkleider), eine Gemäldesammlung, u.a. mit Werken von Caspar David Friedrich sowie den prächtigen Sanzkower Altar von 1525. Im Klausurgebäude werden die beiden bedeutendsten Stücke des Museums im Original gezeigt: der Goldschatz von Hiddensee und die Goldreifen von Peenemünde, beides aus der Wikingerzeit (Mönchstraße 25–28, Tel. 03831/25 36 00, www.stralsund-museum.de, Di.–So. 10.00–17.00 Uhr). Im **Museumshaus** zeigt eine vorbildliche Ausstellung, was sich innerhalb der letzten 600 Jahre unter dem Dach dieses Krämerhauses tat (Mönchstraße 38, Tel. 03831/25 36 05, www.stralsund-museum.de, Di.–So. 10.00–17.00 Uhr). Das **Marinemuseum** auf der Insel Dänholm beim Rügendamm zeigt Interessantes rund um die Seefahrt und was sich auf den Schiffswracks in den Gewässern der Umgebung so alles fand (www.stralsund-museum.de, Juni-Okt. Di.–So. 10.00–17.00 Uhr). Wie wurden einst Spielkarten hergestellt? In der **Spielkartenfabrik Stralsund** wird dies an historischen Maschinen demonstriert (Katharinenberg 35, Tel. 03831/70 33 60, www.spiefa.de; Mo.–Fr. 11.00–13.00 und 15.00–19.00 Uhr).

VERANSTALTUNGEN

Das **Theater Stralsund** bietet gehobene Kultur (Tel. 03831/2 64-0, www.theater-vorpommern.de). Lustig-lärmiges Großereignis sind die **Wallensteintage** Ende Juli (siehe „Unsere Favoriten", S. 90/91).

AKTIVITÄTEN

Hafenrundfahrten sowie **Törns** nach Rügen und Hiddensee bietet die Weiße Flotte an (Tel. 03831/2 68 10, www.weisse-flotte.com). Spaß und Erholung bietet das **Erlebnisbad Hanse-Dom** (Grünhufer Bogen 18–20, Tel. 03831/3 73 30, www.hansedom.de; So.–Do. 9.30–21.00, Fr., Sa. bis 22.00 Uhr). Wer ein kühles Nass anderer Art bevorzugt, nimmt an einer Führung in der **Störtebeker Braumanufaktur** teil. Das Bier wird seit 1827 in Stralsund gebraut. Mit Shop und solider Brauereigaststätte (Greifswalder Chaussee 84–85, Tel. 03831/25 50, www.stoertebeker.com; Führung mit Verkostung nach Anm.). Direkt am Wasser entlang führt ein **Radweg** von der Altstadt zum Naturschutzgebiet der Halbinsel Devin. Orchideenwiesen, Trockenrasen, Moore, dazu der Blick auf Rügen zeichnen diese schöne Landschaft aus. Der Radweg ist Teil des Ostseeküstenradwegs.

RESTAURANTS

Original Stralsunder Bismarckhering, hergestellt aus Ostseehering nach altem Rezept, verkauft und serviert € **Fischhandel und Räucherei Henry Rasmus** (Heilgeiststraße 10, Tel. 03831/28 15 38; s. Special S. 67). Sehr stilvoll essen Sie im € € € **Zum Scheele**, das zum Romantik Hotel Scheelehof gehört und in einem alten Kaufmannshof untergebracht ist. Rindfleisch kommt vom eigenen Bio-Bauernhof (Fährstraße 23-25, Tel. 03831/28 33 00, www.scheelehof.de).

UMGEBUNG

Jedes Jahr rasten im Rügen-Bock-Region genannten Gebiet Tausende Kraniche. Dieses Schauspiel zieht Fotografen und Vogelfreunde in Scharen an. An mehreren Beobachtungsständen informieren die Ranger des NABU-Kranichzentrums **Groß Mohrdorf** (21 km nordw.) rund um den Vogel; außerdem gibt es im Zentrum eine Ausstellung über die „Glücksvögel". Wo genau sich wie viele Kraniche befinden, erfährt man tagesaktuell. Das Zentrum unterhält Ablenkfütterungen, die Landwirtschaftsschäden verringern sollen und perfekte Beobachtungsbedingungen für Besucher darstellen (Lindenstraße 27, Tel. 038323/8 05 40, www.kraniche.de; März, April tgl. 10.00–16.00, Mai bis Juli, Mo.–Fr. 10.00-16.00, Aug. tgl. 10.00 bis 16.30, Sept., Okt. tgl. 9.30–17.30, Nov. Mo.–Fr. 10.00–16.00 Uhr).

INFORMATION

Tourismuszentrale, Alter Markt 9, 18439 Stralsund, Tel. 03831/252-340, www.stralsundtourismus.de

❷ Greifswald

Von 59 000 Einw. sind 10 300 Studierende an der 1456 gegründeten Universität, was für eine lebendige Atmosphäre in der Stadt (Stadtrecht 1250) sorgt. Als Ergebnis des Westfälischen Friedens war Greifwald nach dem Dreißigjährigen Krieg bis 1815 schwedisch. Der wohl bedeutendste Maler der Romantik, Caspar David Friedrich (1774–1840), wurde hier geboren.

SEHENSWERT

Penibel restaurierte mittelalterliche Altstadthäuser säumen den denkmalgeschützten **Marktplatz** mit dem roten **Rathaus** (um 1250, 18. Jh.). Östl. steht die **Marienkirche** (13. und 14. Jh.), wegen ihres gedrungen wirkenden Turms auch „Dicke Marie" genannt, westl. liegt der Fischmarkt, an den der **Dom St. Nikolai** (um 1650 umgebaut, neugotische Innenausstattung) mit seinem schlanken Westturm anschließt. An die **Ernst-Moritz-Arndt-Universität** zieht es nicht nur Studierende, sondern auch Kunstfreunde, die einen Blick in die spätbarocke Aula werfen wollen (Domstraße 11, www.uni-greifswald.de; nur mit Führung). Nördl. der Altstadt fließt der Ryck; hier lohnt der Besuch des **Museumshafens** mit vielen Fischkuttern, Zeesenbooten, Fischbuden, Kneipen. Obwohl heute wenig romantisch inmitten eines Wohnviertels gelegen, lohnt ein Abstecher nach **Eldena** (Wolgaster Landstraße, Rtg. Wolgast). Caspar David Friedrich hat die Ruine des einstigen Zisterzienserklosters (1191 gegründet, 1534 aufgelöst) mehrfach gemalt und damit weltbekannt gemacht. Bei **Wieck** führt eine Holzklappbrücke über den Ryck.

MUSEEN

Das **Caspar-David-Friedrich-Zentrum** pflegt das Erbe des Greifswalder Malers in der ehem. Seifensiederei seiner Eltern (Lange Straße 57, www.caspar-david-friedrich-gesellschaft.de; Mai–Sept. Di.–So. 11.00–17.00, Okt.–April Di. bis Sa. 11.00–17.00 Uhr). Mehr Werke dieses Künstlers zeigt die Gemäldegalerie des **Pommerschen Landesmuseum**, das sich auf ein Ensemble aus vier Gebäuden verteilt, um die Geschichte und Kunst des pommerschen Raums widerzuspiegeln (Rakower Straße 9,

> ### Tipp
> ### Malerische Orte
>
> Der **Caspar-David-Friedrich-Bildweg** (1 km) führt vom Zentrum aus quer durch Greifswald über Kloster Eldena bis zum Pommerschen Landesmuseum (Abb. unten: Foyer im Hauptgebäude). Zwischenziele sind 15 Orte, an denen der Maler einst seine Staffelei aufgestellt hatte. Besonders schön: der ehem. Treidelpfad entlang dem Ryck.
>
> **WEITERE INFORMATIONEN UNTER** caspar-david-friedrich-bildweg.de

Tel. 03834/8 31 20, www.pommersches-landes museum.de; Mai–Okt. Di.–So. 10.00–18.00, Nov.–April Di.–So. 10.00–17.00 Uhr).

VERANSTALTUNG
Am ersten Juli-Wochenende steigen die **Eldena Jazz-Evenings** (www.jazzingreifswald.de).

INFORMATION
Greifswald-Info, Rathaus/ Markt, 17489 Greifswald, Tel. 03834/85 36 13 80, www.greifswald.info

❸ Wolgast

Mit dem Runge-Museum und einem verschönerten Hafen macht sich Wolgast (12 000 Einw.) für Gäste attraktiv. Bald 350 Jahre lang war die 1123 erwähnte Stadt Residenz des Wolgaster Zweiges der Herzöge von Mecklenburg; ab 1625 bis 1814 war auch sie schwedisch.

SEHENSWERT
Viele brausen auf dem Weg nach Usedom auf der Bundesstraße 11 durch die Stadt und überqueren dabei die eindrucksvolle blaue Klappbrücke (1994) über die Peene, ohne einen Blick auf die hübsche **Altstadt** zu werfen; dominiert von der **Petrikirche**, einer Backstein-Basilika aus dem 14. Jh. und Grablege der letzten pommerschen Herzöge. Beachtenswert: die mittelalterliche Totentanz-Darstellung im Kirchenschiff. Der Turm kann bestiegen werden (www.kirche-wolgast.de; Mai–Okt.). Im Barock erhielt das Wolgaster **Rathaus** sein heutiges Aussehen.

MUSEEN
Das **Rungehaus** zeigt Werke des berühmten Malers (Kronwiekstraße 45, Kontakt und Öffnungszeiten wie Museum Kaffeemühle). Stadtgeschichte ist Thema im **Museum Kaffeemühle** (Rathausplatz 6, Tel. 03836/20 30 41, www.museum.wolgast.de; Mai–Okt. Di.–Sa. 11.00–17.00, So. 11.00–16.00 Uhr).
Bei der Eisenbahndampffähre im Museumhafen handelt es sich um die weltweit älteste erhaltene ihrer Art. Die **„Stralsund"** (1890) konnte auf 32 m Gleis drei bis vier Eisenbahnwagen sowie 300 Passagiere transportieren.

HOTEL UND RESTAURANT
€€ **Der Speicher** auf der Schlossinsel bietet bildschöne und allergikerfreundliche Doppelzimmer. Speisekarte und Ambiente des zugehörigen Restaurants sind maritim angehaucht (Hafenstraße 22, 17438 Wolgast, Tel. 03836/23 18 91, www.speicher-wolgast.de).

UMGEBUNG
7 km westl. liegt der **Skulpturenpark Katzow** mit über 100 Werken bekannter Künstler (Dorfstraße 45, 17509 Katzow, www.skulpturenpark-katzow.eu).

INFORMATION
Stadt-Information, Rathausplatz 10, 17438 Wolgast, Tel. 03836/60 01 18, www.wolgast.de

STRALSUND UND GREIFSWALD

SCHMUCK AUS DEM MEER

Bernstein ist das viele Millionen Jahre alte Harz von Nadelbäumen. Die fossilen Brocken, die als Schmucksteine sehr gefragt sind, werden oft nach heftigen Stürmen an den Strand gespült. Wenn im Frühjahr und Herbst die Stürme über die Ostsee fegen, sind anderntags die Chancen besonders groß, am Strand die begehrte honigfarbene Kostbarkeit zu finden.

Doch wie erkennt man das „Gold des Nordens"? Ganz einfach: Bernstein ist deutlich leichter als richtige Steine und schwimmt im hochkonzentrierten Salzwasser. Reibt man ihn an der Kleidung, zieht er Papierschnipsel und Fusseln an, da er sich, anders als Steine, elektrostatisch auflädt. Zwar brennt der „Börnstein" – „bern" kommt vom niederdeutschen Wort „börnen", brennen –, aber mit der Flammenprobe beschädigt man das gute Stück auch.

Bernstein sammeln ist ein beliebtes Vergnügen und macht Riesenspaß, auch wenn man keinen findet. Denn irgendein interessantes Strandgut ist am Ufer immer zu entdecken. Besonders „fündig" wird man zwischen Strandgut, das leicht ist, also altes

Mal beschaulich, mal aufregend: Bernstein suchen und finden

Holz. Routinierte Bernsteinsucher haben ein Eimerchen und eine Harke bei sich – die Harke dient dazu, Muscheln wegzuräumen. Die spült es nach Stürmen mitunter in großer Zahl an den Strand. Und wer weiß, was darunter liegt? Ein großer Teil des Bernsteins wird aber gar nicht aus dem Wasser geschwemmt, sondern liegt oder treibt noch im Meer. Um diese Stücke zu bergen, nehmen versierte Sammler einen Kescher mit engen Maschen und flacher Stirnseite und ziehen diesen am Meeresgrund entlang.

Als beste Fundorte an der Ostsee
gelten die Strände der Region Usedom über Rügen und Hiddensee bis an den Darß.

Bernsteinmuseen
befinden sich in Ribnitz-Damgarten (S. 58) und Sellin (Öffnungszeiten: www.bernsteinmuseum-sellin.de).

Rügen und Hiddensee

INSELZAUBER

Rügen, Deutschlands mit Abstand größte Insel, ist mittlerweile das beliebteste Ziel an der Ostseeküste: ideal für einen Sommerurlaub, für Naturbeobachtungen und als Ort der Inspiration. Aber auch die viel kleinere Nachbarinsel Hiddensee hat ihren eigenen Charme.

Die zu nächtlicher Stunde markant beleuchtete Selliner Seebrücke lässt Erinnerungen an feudalere Zeiten wach werden.

Typische Bäderarchitektur säumt Sellins Wilhelmstraße (oben links) und die Strandpromenade von Binz (unten rechts). Der Blick von der Selliner Seebrücke geht auf Küste und Strand (unten links, oben rechts).

Zu den eindrucksvollsten Bauten Rügens gehört das Kurhaus von Binz.

IN BINZ BEGINNT'S: DER BADEORT GALT IN DEN 1920ER-JAHREN ALS „NIZZA DES NORDENS".

Die längste Autobrücke Deutschlands trennt die größte Insel der Republik vom Festland. Nach 4,1 Kilometern über den Strelasund ist Rügen im Handumdrehen erreicht und die Versuchung groß, auf der Bundesstraße 96 rasch der bevorzugten Ostküste entgegenzubrausen. Doch viel schöner und angenehmer reist es sich durchs Hinterland. Dichtbelaubte Alleen durchziehen eine friedvolle Landschaft aus rapsgelben, getreidegrünen Feldern und lockeren Baumgruppen. Immer wieder ziehen Vogelschwärme über den Sommerhimmel, Rosen und Holunder blühen, kaum eine Menschenseele ist zu sehen. Die Namen vieler Dörfer – Poseritz, Swantow, Krasnewitz – gehen auf die slawische Urbevölkerung zurück, die Ranen. Am Kap Arkona, der Nordspitze der Insel, stand ihr wichtigstes Heiligtum, die dem vierköpfigen Gott Svantevit geweihte Jaromarsburg. Ab Putbus verdichtet sich der Verkehr. Die ehemalige Residenz von Fürst Malte I. gehört mit ihren schneeweißen klassizistischen Bauten zu den besonderen Schönheiten auf Rügen.

MÄCHTIGE FINDLINGE

Weiter ostwärts führt der Weg nach Lancken-Granitz. Abseits des Ortes stehen sieben Großsteingräber aus der Jungsteinzeit: mächtige Findlinge sorgsam zu einem Rechteck gruppiert und mit einem Deckstein versehen.

VON RIESEN ERBAUT?

Solche Anlagen türmten die ersten Ackerbauern und Viehzüchter vor rund 5000 Jahren auf. Egal, ob sich Zeugnisse solchen Totengedenkens im Everstorfer Forst im Klützer Winkel, in Bastorf bei Kühlungsborn, auf Rügen oder an anderen Stellen der Nord- und Ostseeküste finden – immer sind es besondere Orte. Abseits der Dörfer im Wald oder im Feld gelegen, oft idyllisch von Weißdorn, Holunder und alten Eichen gerahmt, ranken sich viele Sagen um die „Hünengräber", die von Riesen oder gar dem Teufel selbst erbaut sein sollen. Sicher ist, die Steinzeitmenschen haben große Mühe auf sich genommen, um diese Anlagen zu errichten. Ihren Toten gaben sie Bernsteinschmuck, Feuersteinbeile und Tongefäße mit in die Ewigkeit.

RÜGENS KREIDEFELSEN

Der große Maler der Romantik, Caspar David Friedrich, hat Rügens Kreidefelsen unsterblich gemacht und Rügens Tourismusindustrie das beliebteste Motiv geliefert. Am imposantesten zeigen sich die Kreidefelsen vom Meer oder vom Strand

Rügens dampflokbetriebene Bäderbahn, der Rasende Roland, bedarf intensiver Zuwendung (oben links). Die Dorfkirche von Groß Zicker auf der Halbinsel Mönchgut stammt aus dem 14. Jahrhundert und zeigt eine schöne alte Ausstattung (oben rechts). Alljährlich zur Sanddornernte veranstaltet der Rügenhof in Putgarten einen Hofmarkt (unten links). Lauterbach war der Badeort des Fürstentums Putbus (unten rechts).

Der Rasende Roland verkehrt täglich auf schmaler Spur von Putbus über Binz, Sellin und Baabe nach Göhren.

aus. Vor Ort im Nationalpark Jasmund führt ein Hochuferweg oberhalb der Kreidefelsen entlang. Dann und wann eröffnen Aussichtspunkte einen schmalen Blick auf die Steilküste, aber die optische Wucht der Kreidefelsen lässt sich so nicht erfahren. Zumal die Streckenführung die Kante meidet. Aus gutem Grund: Die Felsen sind keineswegs ein sicherer Halt. Aus dem Landesinneren baut eiszeitliches Gestein Druck auf den Inselschild auf, von der Gegenseite greift die Ostsee unablässig an. Immer wieder brechen kleine Brocken und ganze Schollen ab und das in zum Teil beträchtlichen Mengen. Vor etwas mehr als zehn Jahren, am 24. Februar 2005, stürzten die beiden Hauptzinnen der berühmten Wissower Klinken ins Meer. 50 000 Kubikmeter Kreide versanken in der See, und eines der beliebtesten Postkartenmotive war unwiderruflich dahin.

PRORAS BLINDE FENSTER

„Kraft durch Freude" versprach die nationalsozialistische Gemeinschaft KdF. Sie organisierte Ferienaufenthalte, damit sich das deutsche Volk an den schönsten Stellen des Landes erholen konnte. Auf Rügen hatte das bis heute sichtbare Folgen. In Prora zwischen Binz und Sassnitz erbaute die KdF die gewaltigste Bettenburg für Touristen, die die Welt bis dahin gesehen hatte: einen 4,5 Kilometer langen Gebäudekomplex als Urlaubsdomizil für 20 000 Menschen. Der erste Spatenstich erfolgte 1936. Doch der Zweite Weltkrieg stoppte alle weiteren Arbeiten, der „Koloss von Prora" blieb unvollendet. Im Krieg dienten die notdürftig bewohnbar gemachten Bettenhäuser als Unterkunft für NS-Nachrichtenhelferinnen. Nach dem Krieg zogen erst Flüchtlinge, dann die sowjetische Armee und schließlich die Nationale Volksarmee der DDR ein.

HERUNTERGEKOMMENER KOLOSS

Heute ist der „Koloss von Prora" ein heruntergekommen wirkender Ort. Hohe Zäune halten Neugierige auf Abstand, weil Teile des Komplexes einsturzgefährdet sind. Abgerissen kann der Koloss nicht werden, das würde Unsummen verschlingen.

Was einigermaßen nutzbar ist, wurde zu Ferienwohnungen umgebaut und soll private Käufer locken. Normalität hat Einzug gehalten. Auf dem Parkplatz werden Würstchen, Waffeln und Eis verkauft. Am nahen Strand sonnen sich Badegäste im weißen Ostseesand und genießen den unverstellten Blick aufs Meer, die Geisterstadt im Rücken.

BINZ LEUCHTET

Rügens berühmteste Badeorte sind Göhren, Sellin und Binz. Sellin besitzt die schönste Seebrücke von allen, Göhren beeindruckt mit seiner malerischen Lage, und in Binz gerät man ins Träumen, so wunderbar wirken die Villen der Bäderarchitektur. Schneeweiß getüncht, mit allerliebsten Erkerchen versehen und filigranen Balustraden, zart wie die Spitzenhandschuhe älterer Damen. Auch der Sandstrand ist so weiß wie Möwengefieder, die Promenade fein gepflegt, das Publikum – unabhängig vom Wetter – sonnigen Gemüts. Rügen scheint einen magischen Zauber zu entfalten.

Gleich nach dem Fall der Mauer strömten Westdeutsche in Scharen auf die Insel und verursachten einen Kollaps. „Binz ist ausgebucht – Urlauber nehmen alles!", skandierte die Presse. „Kein Zimmer mehr zu bekommen. Auf Rügen geht nichts mehr", ließen die Zeitung wissen, meldeten „gemischte Gefühle bei den Einheimischen" angesichts dieses Tourismusbooms. Man fing sich aber schnell.

TRAGÖDIE MIT GUTEN FOLGEN

Charakteristische Zutat aller Ostseeküstenorte sind die Seebrücken. Ursprünglich gebaut, damit trotz der flachen Küste größere Schiffe so nah wie möglich an

In der Umgebung des Jagdschlosses Granitz auf Rügen trifft man noch auf idyllisch anmutende ländliche Szenen.

Seit dem Jahr 1953 ist das „Haus Seedorn" in Kloster auf Hiddensee ein Museum, das sich noch heute so wie zu Hauptmanns Lebzeiten präsentiert.

Blick in das Arbeitszimmer des Autors, der 1912 den Literaturnobelpreis erhielt.

Literaten an der Ostseeküste

Special

Hauptmann, Johnson, Fontane

Die Ostseeküste faszinierte und inspirierte viele Literaten. Die einen schöpften aus Kindheitserinnerungen wie Theodor Fontane und Uwe Johnson, andere zählten zu den Gästen, die tiefe Wurzeln schlugen wie Gerhart Hauptmann.

Im Juli 1885 setzte Hauptmann (1862 bis 1946; rechts seine Büste im „Haus Seedorn") erstmals einen Fuß auf Hiddensee und wohnte zunächst im Gasthof Schlieker. Bis 1943 verbrachte er viele Sommermonate auf der Insel, 1930 hatte er sich in Kloster das „Haus Seedorn" gekauft. Es steht heute der Allgemeinheit offen, Arbeitszimmer, Wohnräume und der durchaus raumgreifende Weinkeller sind zu besichtigen. Auf Hiddensee nannte man den berühmten Mann halb bewundernd, halb spöttisch „Inselkönig". „Die Weber" von 1892 ist sein bekanntestes Drama.

Uwe Johnson (1934 bis 1984) wurde im pommerschen Camin geboren und wuchs in Anklam auf. 1959 siedelte der DDR-kritische Germanist nach Westberlin über, später zog es ihn zunächst nach New York und schließlich nach England, wo er 1984 starb. Die Gemeinde Klütz verewigte er als das Städtchen „Jericho" in seinem imposanten Hauptwerk „Jahrestage".

Theodor Fontane (1819–1898) kam zwar im brandenburgischen Neuruppin zur Welt. Aber die prägenden Jahre 1827 bis 1832 erlebte er in Swinemünde auf Usedom. In seinen autobiografischen Aufzeichnungen „Meine Kinderjahre" erinnert sich Fontane an die Zeit in Swinemünde und Umgebung, an die sommerliche Badesaison und die von üppigem Essen begleiteten Feste in der kalten Jahreszeit. Im Roman „Effi Briest" erscheint Swinemünde als der Ort Kessin.

die Seebäder heranfahren konnten, entwickelten sich die Holzstege rasch zu beliebten Flaniermeilen. So wird verständlich, warum sich Binz seine Dampferanlegestelle nicht nehmen lassen durfte: Im Jahr 1902 wurde die erste erbaut, drei Jahre später durch einen Orkan zerstört und gleich wieder aufgebaut, 1942 vom Ostseeeis zermahlen, 1994 wieder erbaut. Nun führt sie 370 Meter weit hinaus ins Meer.

TRAGÖDIE MIT GUTEN FOLGEN

Eine Tragödie ereignete sich am 28. Juli 1912. Gut 1000 Gäste drängten, einen Marinekreuzer zu bestaunen und die Ankunft des Dampfers „Kronprinz Wilhelm" mitzuerleben. Kaum waren dessen Fahrgäste ausgestiegen, brach ein Teil der Brücke ein. Über 70 Menschen stürzten in die Ostsee. Vor gut 100 Jahren konnten die wenigsten schwimmen. Auch trugen viele Damen wallende Kleider – das Verhängnis nahm seinen Lauf. Kaum jemand konnte helfen, nur sehr Verwegene wagten sich in die See, um die panisch um sich Schlagenden ans sichere Ufer zu ziehen. 16 Menschen ertranken. Ein Schock für Binz, für Rügen; ganz Deutschland nahm Anteil. Wir brauchen ausgebildete Rettungsschwimmer, schwor man sich daraufhin und gründete in Leipzig die „Deutsche Lebens-Rettungs-Gesellschaft" (DLRG).

An der Stubbenkammer liegt der höchste Kreidefelsen Rügens, der Königsstuhl.
118 Meter erhebt sich die Kreidewand hier über Meereshöhe.

Vom Fischerörtchen Vitt geht der Blick zum Kap Arkona mit dem im Jahr
1927 errichteten Peilturm.

Der Neue Turm (rechts) der beiden Leuchttürme auf dem Kap Arkona ist ist zu ersteigen.

Herrliche Buchenwälder prägen den Küstenbereich der Rügen-Halbinsel Jasmund. Sie reichen bis an den Felsabbruch über der Ostsee.

Küstenkunde  Special

Wasserwelten

Die Ostsee, das jüngste Meer der Welt, ist im Schnitt nur 55 Meter tief und dank vieler Süßwasserzuflüsse wenig salzig.

Die das Meer säumenden mecklenburgischen Küsten wirken wie mit dem Lineal gezogen: Meer und stetiger Westwind trugen sämtliche Landzungen ab. Weiter östlich ab Fischland – fast deckungsgleich mit der Grenze zu Vorpommern – sind die Bodden typisch. Was als Insel vor den Küsten lag, wurde durch schmale Landbrücken miteinander verbunden. Das ehemalige Meer im Hinterland, nunmehr vollständig von der See abgeschnürt, entwickelte sich zum lagunenhaften Bodden. Bleibt dagegen eine Rinne zum Meer hin offen, spricht man von einem Haff oder einer Nehrung, wie beim Stettiner Haff bei Usedom oder der Küstenlandschaft östlich von Danzig im ehemaligen Ostpreußen.

WELT OHNE AUTOS

Eine Welt ohne Autos ist möglich: zumindest auf den 19 Quadratkilometern der Insel Hiddensee. Zwischen den Dörfern Kloster, Vitte, Neuendorf und Grieben bewegt man sich mit der Pferdekutsche, zu Fuß oder mit dem Fahrrad fort. Kaum hat die Morgenfähre die ersten Tagesbesucher gebracht, füllen sich die Wege hinauf zum Dornbusch, an die Strände und zum Gerhart-Hauptmann-Haus. Am Abend strömt alles zurück zu Fähre und Festland, die Insel sinkt wieder in klösterliche Ruhe. Rehe durchstreifen ohne Scheu die Vorgärten und knabbern an Ziersträuchern und Salat. In diese paradiesische Idylle schleicht sich regelmäßig das Chaos ein, das der Tourismus mit sich bringt.

Stichwort Handkarren. Damit Gäste ihr Gepäck transportieren können, stellt jedes Hotel an den Fährhäfen eine kleine Zahl von Handkarren bereit. Man schnappt sich den hoteleigenen Karren und zieht seine Koffer zum Gasthof. Das funktioniert meist erstaunlich gut. Nur manchmal gerät das System durcheinander. Was nach Kloster gehört, ist plötzlich in Vitte; hier gehen die Karren aus, während sie dort den Hafen verstopfen. Dann sind die Hausmeister der Hotels gefragt und bringen wieder Ordnung in das Karrenchaos.

AM INSELBLICK

Auf dem Dornbusch, einem gut 70 Meter hohen Hügel an der Nordspitze von Hiddensee: Vom „Inselblick" aus hat man freie Sicht bis tief in den Süden, weit hinweg über den schlanken Inselleib. Rechterhand wühlt die Ostsee eine Bucht ins Land, zur Linken glitzern die Boddengewässer. Inselmittig dehnen sich Grünzüge, Wiesen und Heiden aus. Die rohrgedeckten Häuser sind mehr zu erahnen als zu sehen, nur der Wind tönt, und über allem spannt sich ein übergroßer Sommerhimmel mit weißen Wolkentürmen.

„So etwas Schönes hab' ich meiner Lebtag' noch nicht gesehen", murmelt ein Tourist aus Österreich, obwohl es seinem Heimatland ja nun auch nicht an grandiosen Landschaften mangelt.

Das Hohelied auf diese kleine Insel wird von vielen gesungen, egal, ob sie nun die landschaftliche Schönheit preisen und die balsamische Ruhe, die Freiheit, die das Meer verspricht, die klare Luft, die den Kopf freimacht und allen Ballast vertreibt.

DIE AXT REGIERT

Als heile Welt stellte sich Hiddensee allerdings nicht durchgängig dar. Ab dem 14. Jahrhundert legten die Inselbewohner die Axt an ihren Wald, um das Holz für den Kloster-, Haus- und Schiffsbau

Seit dem Jahr 1888 weist das Leuchtfeuer Dornbusch an der Nordspitze Hiddensees Schiffen den Weg.
102 Stufen führen hinauf zu einer eindrucksvollen Rundumsicht.

Der über 1000 Jahre alte Hiddenseer Goldschmuck gilt als ein meisterhaftes Beispiel für die Goldschmiedekunst der Wikinger. Eine Nachbildung ist im Hiddenseer Heimatmuseum zu sehen, das Original im Kulturhistorischen Museum von Stralsund.

Die autofreie Insel Hiddensee ist ein wahres Paradies für Strandläufer und Radler.

zu gewinnen. Mitten im Dreißigjährigen Krieg ließ Dänenkönig Christian IV. die stärksten und schönsten der Bäume auf Hiddensee fällen und nach Kopenhagen transportieren. Das rief seinen Kontrahenten Wallenstein auf den Plan. Solch einen Holzraub wollte der Feldherr künftig unterbinden und ließ sämtliche Wälder vernichten, alle Eichen, Buchen und Kiefern auf dem Dornbusch, alle Erlen im südlichen Inselteil, sogar das Gebüsch musste weichen. Das Gesicht der Insel hat sich seither verändert.

Heute stehen vor allem rund um den Leuchtturm noch Bäume, ein Saum von Kiefern schützt den Dünenwall. Neue Naturschönheiten haben sich entwickelt: zum Beispiel die Dünenheide, eine baumlose Steppe in der Inselmitte, die heutzutage unter Naturschutz steht. Hier wachsen Besenheide, Stranddistel und Krähenbeere, auch seltene Schmetterlinge wie der Argus-Bläuling kommen hier noch vor, Neuntöter und die gefährdete Heide-Lerche.

BLICK NACH MØN

„Man sieht von Hiddensee aus die Insel Møn!" Das klang zu DDR-Zeiten wie eine Beschwörungsformel. Und nicht, weil die dänische Insel wie Rügen so schöne Kreidefelsen besitzt. Vielmehr lag dort die Freiheit – und zwar in erreichbarer Nähe. Mit Segel-, Motor- und Paddelbooten, auf Surfbrettern oder schwimmend versuchten ungezählte „Republikflüchtlinge" von Hiddensee aus Møn zu erreichen. Von etlichen hat man nie wieder etwas gehört. Von anderen sind übermenschliche Leistungen bekannt. So schwamm ein ganz wagemutiger Sportler in 25 Stunden von Kühlungsborn nach Fehmarn. Wie viele Orte der Ostseeküste wurde Hiddensee zur Durchgangsstation vieler Verzweifelter. Lutz Seiler, ein im thüringischen Gera-Langenberg aufgewachsener Autor, der im Sommer 1989 als Saisonkraft auf der Insel gearbeitet hat, setzte ihnen in seinem (mit dem Deutschen Buchpreis ausgezeichneten) Roman „Kruso" ein Denkmal.

UNSERE FAVORITEN

Die interessantesten Feste

FEIERN AN MEER UND BODDEN

Im März läuten die Heringstage den Beginn einer langen Festsaison ein. Viele Feiern haben maritimen Charakter, andere zelebrieren historische Begebenheiten oder geben international bekannten Größen eine Bühne. Dann tauen auch die ansonsten oft eher zurückhaltenden Einheimischen auf.

❶ Heringstage

Warnemünde, Usedom und Wismar feiern den kleinen Fisch mit einem rauschenden Fest. In Wismar zeigen die Gastronomen der Hansestadt am Beispiel von Matjes, Rollmops, Bismarckhering, Bratfisch und neuen Kreationen, welche kulinarischen Möglichkeiten der Hering bietet. Die Küchenmeister und -meisterinnen lassen sich beim traditionellen Köcheumzug vom Alten Hafen zum historischen Marktplatz feiern.

März, Wismar, www.heringstage-wismar.de

❷ Hanse Sail

Majestätisch gleiten Windjammer durchs Meer, ein erhabener Anblick, der Fernweh weckt und an alte Zeiten erinnert. Über 200 Groß- und Traditionssegler sowie Museumsschiffe nehmen an der Hanse Sail im August teil. Das Windjammertreffen in Rostock zählt zu den größten der Welt und lockt Jahr für Jahr über eine Million Schaulustige an. Wer möchte, kann auf einigen Schiffen auch mitsegeln, auf der „Roald Amundsen" etwa oder der „Fridtjof Nansen". Wenn die Großsegler das offene Meer verlassen und warneaufwärts zum Rostocker Stadthafen gleiten, werden sie schon an der Ostmole in Warnemünde mit Salutschüssen begrüßt. Daraufhin wird vier Tage lang gefeiert rund um die stolzen Windjammer mit Regatten. Es gibt Schiffsbesichtigungen, Ausstellungen, buntes Bühnenprogramm, Shantychor, Blas- und Rockmusik, Piraten- und Schlemmermarkt soviel Remmidemmi.

Erste Augusthälfte, Rostock, www.hansesail.com

❸ Warnemünder Woche

1500 Segler aus mehr als 30 Nationen, bestaunt von einer halben Million Menschen: Das sind die Eckdaten der Warnemünder Woche. Mit Drachenboot- und Waschzuberrennen sowie zahlreichen Regatten in mehreren Disziplinen sorgt das großes Segelsportfestival neun Tage lang für Hochstimmung. Am Ufer winkt ein umfangreiches Rahmenprogramm.

Anf. Juli, Warnemünde www.warnemuender-woche.com

❹ Wallensteintage

Die Schwedenherrschaft hat an der Ostseeküste eine große historische Bedeutung. 1638 brach Feldherr Wallenstein die Belagerung von Stralsund ab. Damals feierte die Bevölkerung dies mit Festgottesdiensten, heute mit einem bunten Volksfest. Die herrliche Altstadt von Stralsund liefert die ideale Kulisse für einen Mittelaltermarkt. Söldner und Gaukler, Spielleute und Marketenderinnen formieren sich zu einem Kostümumzug. Den besonderen Gruselfaktor liefert der Pestumzug zu später Stunde am Freitag, der an die im Jahr 1629 wütende Seuche erinnert.

Wochenende um den 24. Juli, Stralsund www.wallensteintage.de

5 Tonnenabschlagen

Möglicherweise geht der Brauch, alle Jahre wieder auf eine Heringstonne einzukloppen, auf die Schwedenzeit zurück, als die Bevölkerung Tribute an die Besatzer entrichten musste. Aus Freude über das Ende der Abgaben sollen die Fischer das letzte Fass der Heringssteuer zertrümmert haben. Heute hängen die Feiernden eine Tonne an ein hohes Gerüst, die von Reitern Stück für Stück mit einem Holzknüppel heruntergeschlagen werden muss. Wer das letzte Brett herunterholt, gewinnt und wird „Tonnenkönig". Ein munteres Fest umrahmt die große Gaudi.

Ab Pfingsten bis Sommer in Born, Wieck, Prerow, Ahrenshoop und anderen Orten, www.fischland-darss-zingst.de

6 Störtebeker-Festspiele

Auf Rügen zählten die Störtebeker-Festspiele schon zu DDR-Zeiten zu den beliebtesten Open-Air-Events. Die Naturbühne Ralswiek setzt die Abenteuer des legendären Seeräubers Klaus Störtebeker gekonnt in Szene. Der machte der Sage nach im 14. Jh. den Kaufleuten der Hanse das Leben schwer, deren schwer beladene Koggen gegen die schlanken Piratenschiffe chancenlos waren. In Ralswiek stellen 150 Schauspieler und vier Segelschiffe Szene aus dem wilden Leben des Klaus Störtebeker nach. Den Abschluss bildet ein Großfeuerwerk über dem Bodden.

Mitte Juni–Anf. Sept. Mo.–Sa., Ralswiek, www.stoertebeker.de

7 Vineta-Festspiele

Die sagenumwobene Stadt Vineta versank irgendwo in den Fluten der Ostsee. Ob die Stadt bei Koserow (Usedom) oder Barth (Fischland-Darß-Zingst) lag oder sie gar mit der polnischen Stadt Wollin identisch ist, sei dahingestellt. In Koserow gibt die Vorpommersche Landesbühne jährlich die Vineta-Festspiele als opulentes Schauspiel mit viel Pyrotechnik und Tanz.

Koserow, Usedom, www.vineta-festspiele.de

8 Usedomer Musikfestival

Zahlreiche Spielstätten auf der deutschen und polnischen Seite der Zwei-Länder-Insel beteiligen sich am Usedomer Musikfestival. Den besonderen Reiz machen die wechselnden Spielstätten aus, darunter das historische Kraftwerk Peenemünde. Kurt Masur war der erste Schirmherr der hochkarätigen Reihe, die namhafte Dirigenten und Orchester auf die Insel bringt.

Ende Sept./Anf. Okt., Usedom, www.usedomer-musikfestival.de

9 Festspiele Mecklenburg-Vorpommern

Im ganzen Bundesland treten international bekannte Größen und noch zu entdeckende Talente an ausgewählten Orten auf. Seinen Charme bezieht dieses berühmte Festival der klassischen Musik auch aus den Spielstätten: Kirchen, sanierte Herrenhäuser, Fabrikhallen und Scheunen, der Rostocker Zoo, das Korbwerk Heringsdorf, die Seebrücke Sellin werden zur stimmungsvollen Bühne.

Juni–Sept., diverse Spielstätten, www.festspiele-mv.de

INFOS & EMPFEHLUNGEN

UNGLEICHE SCHWESTERN

Am Nordostzipfel Deutschlands liegt die größte Insel des Landes: Rügen. Mit ihren Kreidefelsen und bekannten Badeorten zählt sie zu den meistbesuchten Reisezielen der gesamten Ostseeküste. Westlich schließt sich das liebliche Hiddensee an, autofrei und weniger überlaufen.

❶ Hiddensee

Gerade mal 1000 Einw. leben in den vier Inseldörfern, doch während der Saison ergießt sich ein Meer von Tagesgästen über „dat söte Länneken", das süße Ländchen.

SEHENSWERT

In **Kloster** kann Gerhart Hauptmanns **Haus Seedorn** besichtigt werden (Gerhart-Hauptmann-Haus, Kirchweg 13, Tel. 038300/3 97, www.hauptmannhaus.de; Mai–Okt. Mo.–Sa. 10.00–17.00, So. 13.00–17.00 Uhr, Winter wechselnde Öff.zeiten). Interessantestes Exponat im **Heimatmuseum** ist der „Hiddenseer Goldschmuck" aus der Wikingerzeit (10. Jh.), 1872 auf der Insel gefunden (Kloster, Kirchweg 1, Tel. 038300/3 63, www.heimatmuseum-hiddensee.de; April–Okt. Mi.–Sa. 10.00–16.00, sonst Do. bis Sa. 11.00–15.00 Uhr). Zur Inselnatur zeigt das **Nationalparkhaus** eine kleine Schau (Vitte; Öffnungszeiten unter Tel. 038300/680 41).

HOTEL UND RESTAURANTS

Das €€/€€€ **Appartement-Haus Dornbusch** bietet sich insbesondere für Familien an. Mit gemütlichem Restaurant **Inselstube** (Weißer Weg 2, 18565 Kloster, Tel. 038300/ 6 04 00, www.hiddensee-haus-dornbusch.de). Wer in den Genuss der Heringsspezialitäten des €€ **Godewind** kommen will, sollte rechtzeitig reservieren (Süderende 53, Vitte, Tel. 038300/66 00, www.hotelgodewind.de).

AKTIVITÄTEN

Ein Muss ist in Kloster der Aufstieg zum **Leuchtturm Dornbusch** (1888, 28 m; 102 Stufen; Mai–Okt. tgl. 10.30–16.00 Uhr), auch eine **Wanderung** durch die Dünenheide ab Vitte bis auf den südl. Inselzipfel Gellen. Dort hat man die Strände für sich.

INFORMATION

Insel Information, Achtern Diek 18 a, 18565 Vitte, Tel. 038300/60 86 85, www.seebad-hiddensee.de

❷ Altenkirchen

Die meisten Besucher durchqueren dieses Dorf (900 Einw.) auf der Halbinsel Wittow nur zur Fahrt zum Rügener Nord-Kap Arkona.

> **Tipp**
>
> ### Reif für die Insel
>
> Im **Künstlerhaus** hinter dem Gerhart-Hauptmann-Haus wohnen den Sommer über geladene Schriftsteller und Künstler. Von Okt. bis März wird das Haus allerdings vermietet – genau die richtige Umgebung, um selbst einen kreativen Schub zu erhalten.
>
> **KÜNSTLERHAUS**
> Gerhart-Hauptmann-Haus, Kirchweg 13, 18565 Kloster/Hiddensee, Tel. 038300 397, www.hauptmannhaus.de

SEHENSWERT

In der romanischen **Dorfkirche** (12. Jh.) bestaunt man den „Svantevitstein". Er soll einen Priester darstellen, der dem Slawengott Svantevit ein Trinkhorn reicht. Hauptattraktionen sind das denkmalgeschützte Dörfchen **Vitt** und das **Kap Arkona**. Wer hierher möchte, kann das nur mit dem Minibähnchen ab Parkplatz Putgarten oder zu Fuß: Ein 2,5 km langer Fußweg führt vom Parkplatz Putgarten zum Kap mit dem 39 m hohen Leuchtturm (1902 erbaut) und dem eckigen Schinkelturm (1827 als Leuchtturm erbaut, 22 m).

INFORMATION

Tourismusgesellschaft Kap Arkona, Am Parkplatz 1, 18556 Putgarten, Tel. 038391/1 30 37, www.kap-arkona.de

❸ Sassnitz

Von Sassnitz (9300 Einw.) aus starten Fähren nach Skandinavien. Der Fährhafen Neu-Mukran zählt heute zu den wichtigsten Transporthäfen Deutschlands.

SEHENSWERT

Die **Stadthafenbrücke**, eine luftig-leichte Rad- und Fußgängerbrücke, verbindet die Hauptstraße mit dem Fährhafen und bietet eine erstklassige Aussicht auf Meer und Stadthafen. Über die Ostmole ist rasch der 12 m hohe **Leuchtturm** (1903) erreicht. Wer es romantisch mag, spaziert in den alten **Stadtkern** mit seinen winzigen Gassen.

MUSEEN

Von der Reuse bis zum Echolot zeigt das **Fischerei- und Hafenmuseum**, was zum erfolgreichen Fischen nötig ist; gegenüber liegt der Museumsfischkutter „Havel" (Im Stadthafen, Tel. 038392/5 78 46, www.hafenmuseum.de; April–Okt. tgl. 10.00–18.00, im Winter 11.00 bis 18.00 Uhr, teils auch geschl.). Im Stadthafen kann man sich durch die Enge eines 1963 erbauten britischen **U-Boots** der Oberon-Klasse drängen, das u. a. vor den Falkland-Inseln Dienst tat (Hafenstraße 18, www.hms-otus.com; Juli, Aug. tgl. 10.00–19.00, Mai–Juni bis 18.00, sonst bis 16.00 Uhr).

Links: Pferdefuhrwerk am Hafen von Vitte (Hiddensee). Unten: Blick vom Leuchtturm am Kap Arkona (Rügen).

INFOS & EMPFEHLUNGEN

Oben links: Kreidefelsen an Rügens Küste im Nationalpark Jasmund. Oben rechts und unten links: die Halbinsel Mönchgut im Südosten von Rügen wird von der UNESCO als Biosphärenreservat geführt.

HOTEL UND RESTAURANTS
Eine bekannte Adresse für Fischgerichte ist das €€€ **Gastmahl des Meeres**; Zimmer sind ebenfalls verfügbar (Strandpromenade 2, 18546 Sassnitz, Tel. 038392/51 70, www.gastmahl-des-meeres-ruegen.de). Ab 7.00 Uhr gibt's in der € **Fischhalle Sassnitz** Heringsbrötchen und andere Fischgerichte (Hafenstraße 12d; Mo. bis Do. 7.00–15.30, Fr. 7.00–13.30 Uhr).

UMGEBUNG
Wie zu Caspar David Friedrichs Zeiten lassen die weißen, hoch aufragenden **Kreidefelsen TOPZIEL** niemanden unberührt. Eine Erkundung beginnt man am **Nationalparkzentrum Königsstuhl** mit seiner multimedialen Ausstellung. Informativ sind Touren mit Rangern (Stubbenkammer 2, Tel. 038392/66 17 66, www.koenigsstuhl.com; Ostern–Okt. tgl. 9.00 bis 19.00, sonst tgl. 10.00–17.00 Uhr, Bus ab Sassnitz oder ab Parkplatz in Hagen). Im **Kreidemuseum Rügen** (8 km westl.) dreht sich alles um dieses „Weiße Gold" (Sagard, Gummanz 3a, Tel. 038302/5 62 29, www.kreidemuseum.de; Ostern–Okt. tgl. 10.00–17.00, sonst Di.–So. 10.00 bis 16.00 Uhr).

INFORMATION
Tourist-Service, Strandpromenade 12, Am Stadthafen, 18546 Sassnitz, Tel. 038392/64 90, www.insassnitz.de

❹ Binz

Der größte Urlaubsort auf Rügen (5400 Einw.) empfängt seit den 1870er-Jahren Gäste. Schön sind die schneeweißen Villen im Stil filigraner Bäderarchitektur. Der Strand misst 5 km Länge und ist allein schon guter Grund zum Besuch.

SEHENSWERT
Die wiederaufgebaute **Seebrücke** wirkt fast bescheiden neben dem **Kurhaus** (1908; heute Hotel); der wuchtige Jugendstilbau riegelt die Promenade zur Stadt hin ab. Östl. davon zweigt die **Margarethenstraße** ab mit Galerien und Kunsthandwerk. **Bäderarchitektur TOPZIEL** findet sich u. a. in der Hauptstraße, der Putbuserstraße und an der Strandpromenade (besonders schön: Villa Undine und Villa Ruscha, Strandpromenade 30 bzw. 31).

HOTEL UND RESTAURANT
Brauereiambiente herrscht im €€ **Dolden Mädel** Braugasthaus. Klasse Hamburger, gute pommersche Küche, selbst gebrautes Bier (Schillerstraße 6, Tel. 038393/66 33 33, www.doldenmaedel-binz.de).

UMGEBUNG
Im **Seebad Prora** (5 km nördl.) rückt eine Ausstellung dessen NS- und DDR-Geschichte ins rechte Licht (Mukraner Straße 12, www.prora-zentrum.de; Mai–Okt. tgl. 10.00–18.00, sonst Mo.–Fr. 10.00–16.00 Uhr). Gegenüber liegt das **Naturerbe-Zentrum Rügen**. Unübersehbar sind der Baumwipfelpfad und das rosarote ehem. Forsthaus (Verwaltung). Eine Erlebnisausstellung (mit Gastronomie) zeigt, wie heimische Tiere leben, wie das Klima funktioniert und was es über das Wasser zu wissen gibt. Höhepunkt auch im Wortsinn ist der Baumwipfelpfad (Forsthaus Prora 1, Tel. www.nezr.de; Mai–Sept. tgl. 9.30–19.00, April und Okt. tgl. 9.30–18.00, sonst tgl. 9.30–16.00 Uhr). 1836–1846 erbaut, liegt das **Jagdschloss Granitz** (5 km südw.) im ehem. Jagdgebiet der Fürsten von Putbus. Bekannt ist die gusseiserne Wendeltreppe mit 154 Stufen im Mittelturm zur Aussichtsplattform. Ein Teil des Schlosses ist Museum zur fürstlichen Jagd und zeigt noble Salons (Tel. 038393/667 10, www.jagdschloss-granitz.de; Mai–Sept. tgl. 10.00–18.00, April, Okt. bis 17.00, sonst Di.–So. 10.00–16.00 Uhr).

INFORMATION
Haus des Gastes an der Seebrücke, 18609 Ostseebad Binz, Tel. 038393/14 81 48 www.ostseebad-binz.de

❺ Sellin

Vor der Halbinsel Mönchgut liegt Sellin (2600 Einw.), seit 1880 bei Gästen beliebt und mit einem sehr sauberen Stück Meer gesegnet.

SEHENSWERT
Von der Einkaufsmeile Wilhelmstraße gelangt man über die Himmelsleiter hinab zum Strand. Die 1998 wieder aufgebaute **Seebrücke** (Original 1906) spiegelt die Zeit der Kaiserbäder. Mit einer Tauchgondel lässt sich die See in 4 m Tiefe erkunden (www.tauchgondel.de). Das **Museum Seefahrerhaus** behandelt neben Seefahrt auch Geologisches (Seestraße 17b, Tel. 038303/37 11 05; Mai–Okt. Di.–So. 10.00–16.00, Winter Mi. erst ab 12.00 Uhr).

AKTIVITÄTEN
Ostsee zu kalt? Dann ab in die **Ahoi Rügen Baden- und Erlebniswelt** (Badstr. 1, www.ahoi-ruegen.de, Karfreitag–Okt. tgl. 10.00 bis 22.00, sonst 14.00–21.00 Uhr).

UMGEBUNG
Göhren (1300 Einw.) hat sich besonders auf Gesundheitstourismus eingestellt. Eine Seilbahn verbindet den Nordstrand mit dem Ortszentrum. In Göhren startet der **Rasende Roland** nach Putbus (Tel. 038301/88 40 12, www.ruegensche-baederbahn.de; Fahrzeit 1 Std.).

INFORMATION
Kurverwaltung Sellin, Warmbadstraße 4, 18586 Ostseebad Sellin, Tel. 038303/160, www.ostseebad-sellin.de

❻ Putbus

1808 machte Fürst Wilhelm Malte I. Putbus (4400 Einw.) zur Residenzstadt. Die klassizistischen Bauten trugen dem Ort den Namen „Weiße Stadt" ein.

SEHENSWERT
Mittelpunkt des im Kreis angelegten Häuserensembles **Circus** (1828) ist ein Obelisk, der an

> **Tipp**
>
> ### Schön und gut
>
> Im €€€€ **Hotel meerSinn** beginnt der Tag mit dem wohl besten Frühstücksbuffet der Insel. Das entspricht dem ganzheitlichen Ansatz des Hotels, der sich über alle Bereiche erstreckt – gut für Körper und Seele. Buchen Sie ein ruhiges Zimmer zur Nordseite (auf der Schillerstraße kann es laut werden).
>
> **HOTEL MEERSINN**
> Schillerstraße 6–10, 18609 Ostseebad Binz, Tel. 038393/66 30, www.meersinn.de

Fürst Malte erinnert. Der baufreudige Fürst zeichnet auch für den **Schlosspark** verantwortlich (1804–1830). Das Schloss selbst wurde bis auf seine Terrasse 1962 abgerissen.

AKTIVITÄTEN
Der ehem. Marstall (1821–1824) ist Veranstaltungsort der **Festspiele Mecklenburg-Vorpommern** (siehe „Unsere Favoriten", S. 90/91). Auch das einzige **Theater** auf Rügen befindet sich in Putbus (Markt 13, www.theater-vorpommern.de/theater/theater-putbus).

UMGEBUNG
Eine Lindenallee führt ins 3 km entfernte **Lauterbach**, zu Fürst Maltes Zeiten Seebad, heute ein ruhiges Städtchen. Hier laufen Ausflugsschiffe zur **Insel Vilm** aus (Reederei Lenz, Tel. 038301/6 18 96, www.vilmexkursion.de).

INFORMATION
Kurverwaltung, Orangerie, Alleestraße 2, 18581 Putbus, Tel. 038301/6 09 64, www.ruegen-putbus.de

 Bergen

Rügens größter Ort (13 500 Einw.) ist ein wichtiger Einkaufsmittelpunkt.

SEHENSWERT
Die **St.-Marien-Kirche** (Urspr. 1180) gilt als älteste der Insel; eindrucksvoll sind die romanischen Wandmalereien. Einen Schwerpunkt auf die Vorgeschichte Rügens legt das **Stadtmuseum** im 1945 aufgelösten Zisterzienserinnenkloster (Billrothstraße 20a, Tel. 03838/25 22 26; Mai–Okt. Di.–Sa. 10.00–16.30, sonst Mo.–Fr. 11.00–15.00 Uhr). Am Stadtrand erhebt sich der **Rugard**, eine slawische Wallanlage (8./9. Jh.). Der dortige Ernst-Moritz-Arndt-Turm bietet gute Aussicht (Rugardweg 10; Ostern bis Okt. tgl. 10.00–18.00 Uhr, 30 Min. zu Fuß von der Stadtmitte).

VERANSTALTUNGEN
Die Naturbühne Ralswiek ist Schauplatz der **Störtebeker-Festspiele** (siehe „Unsere Favoriten", S. 90/91).

UMGEBUNG
Ralswiek (5 km nördl.) gilt als älteste Siedlung Rügens und war bereits vor 8000 Jahren besiedelt. Das im 19. Jh. errichtete Schloss ist heute ein nobles Hotel mit Restaurant (Tel. 03838/2 03 20, www.schlosshotel-ralswiek.de). Von **Schaprode** (21 km nordw.) gelangt man per Fähre nach Hiddensee (Tel. 03831/2 68 10, www.reederei-hiddensee.de). Ein Abstecher führt zur ruhigen Insel **Ummanz** (20 km westl.). Sehenswert ist die dortige Dorfkirche **Waase** mit dem Antwerpener Schnitzaltar, ein spätgotischer Schatz (um 1525).

INFORMATION
Tourist-Information, Markt 23, 18528 Bergen auf Rügen, Tel. 03838/3 15 28 38, www.stadtinfo-bergen-ruegen.de

DER MUNTERMACHER

Tieforange leuchten die Beeren des Sanddornstrauchs zwischen den ockerfarbenen Dünen hervor. In zahlreichen Hausgärten zieht man voller Stolz den stacheligen Strauch. Der Sanddorn ist fast schon eine Art Nationalpflanze auf Rügen. Er kommt sehr gut mit den örtlichen Gegebenheiten zurecht, saugt aus den kargen Böden problemlos seine Nährstoffe und die schroffen Winde können ihm nichts anhaben. Als natürliche Befestigung der Dünen leistet er perfekte Dienste. Und nicht nur das: Aufgrund seines Reichtums an Vitamin C und B12 ist er eine begehrte Heil- und Genusspflanze. Auch Kosmetika lassen sich herstellen; die entzündungshemmende Wirkung nutzen diverse Salben.

In der Küche spielt Sanddorn ebenfalls wichtige Rolle. Da die Beere selbst ziemlich sauer ist, wird sie mit Süßungsmitteln versetzt und zu Likör, Sirup, Marmelade und Bonbons verarbeitet. Nach Sanddorncreme mit Schlagsahne lecken sich auf Rügen die Nachtischfreunde die Finger. Ebenfalls ein Gedicht: Sanddorntorte und Sanddornwein.

Der kniffligen Ernte zwischen Dornen folgt das kulinarische Vergnügen.

Ungetrübt ist die Sanddornbegeisterung leider nicht mehr. Zunehmend vertrocknen Sträucher trotz Bewässerung innerhalb kürzester Zeit und sterben komplett ab – ein herber Verlust für Landwirte, die die beliebten Beeren kultivieren. Zwar suchen Wissenschaftler fieberhaft nach dem Ursprung des Sanddornsterbens, doch bislang ohne Erfolg.

Sanddorngerichte, -souvenirs und -ernte:
Kap Arkona, Rügenhof in Putgarten. Mitmachen bei der Ernte Ende August–Mitte Sept. montags, mittwochs und freitags. Infos und Termine unter www.kap-arkona.de, Tel. 038391/130 37

Hofladen:
In Rügen gibt es Sanddornprodukte an jeder Ecke. Weiter westlich dünnt das Angebot aus, versiegt aber nicht. Zwischen Boltenhagen und Wismar bietet der Wohlenberger Sanddorn Hofladen Gutes aus der „Zitrone des Nordens".
An der Chaussee 15, 23948 Wohlenberg, Tel. 038825/292 55, www.sanddorn-hofladen.de

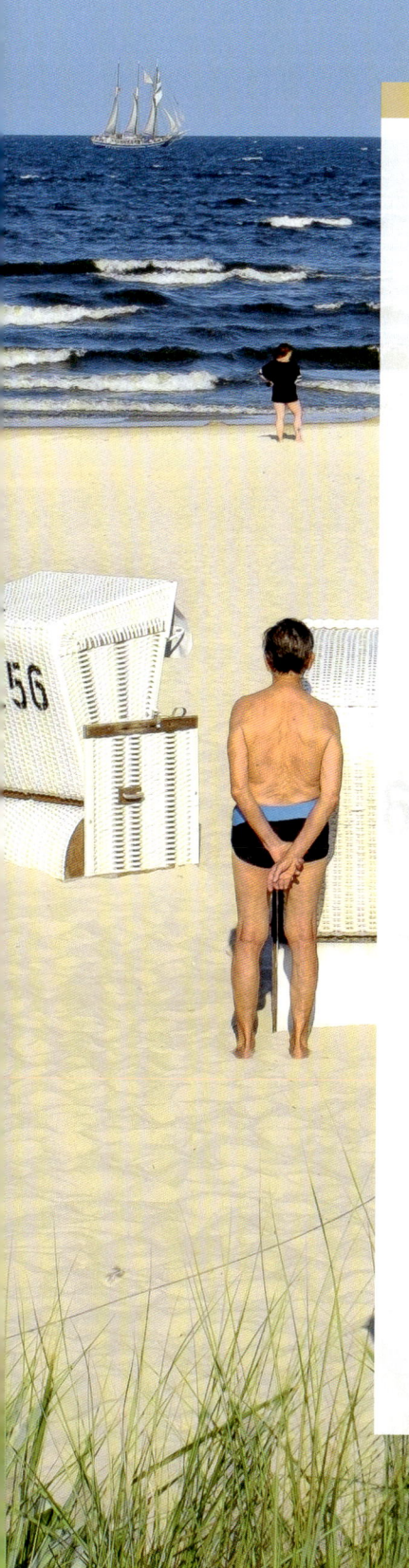

Usedom und Hinterland

DIE DEUTSCHE SONNENINSEL

Usedom zählt mit Rügen zu den Gebieten mit den allermeisten Sonnenstunden in Deutschland. Auffallend ist der Kontrast aus touristisch-quirligen Seebädern und ruhigem Hinterland. Durch die Insel verläuft eine Landesgrenze: ihr östlicher Teil gehört bereits zu Polen.

Strandkorb, Sand und Blick auf ein Segelschiff: Urlaubsfreuden unter der Usedomer Sommersonne im Küstenstädtchen Bansin.

Usedoms herrliche Sandstrände sind auch ein Ferienparadies für Kinder.

Usedom lässt seine Feriengäste in jeder Weise abtauchen – auch im wörtlichen Sinn hier an der Seebrücke von Zinnowitz.

Im Urlaub dürfen die Wellen auch einmal höher schlagen: am Strand von Bansin.

Ahlbecks Seebrücke ist die älteste ihrer Art in Deutschland. Sie wurde bereits im Jahr 1898 eröffnet. Von der am Strand gelegenen Plattform führt ein 280 Meter langer Steg in die Ostsee.

An der Küste ist manches anders: Wenn es im Hinterland regnet und die Wolken schwer über den Alleen und Feldern hängen, weht der Küstenwind häufig alle Schlechtwetterboten von den Stränden weg und schafft dem Sonnenschein Platz. Die Statistiker schreiben Usedom regelmäßig Rekordwerte ins Stammbuch. In den Badeorten, allen voraus Zinnowitz, werden die meisten Sonnenstunden Deutschlands pro Jahr gezählt. Im Winter allerdings kann es krachend kalt werden, und in Rekordwintern schiebt die Ostsee meterhohe Eisschollen ans Ufer. Strände im Schnee besitzen einen ganz eigenen Zauber. Das lohnt sich nicht nur für Fotografen.

DIE GETEILTE INSEL

Es fehlt nicht viel und Usedom wäre keine Insel mehr. Um den Peenestrom zu überbrücken, der die Insel vom Festland trennt, sind in Zecherin nur 325 Meter Brücke nötig, in Wolgast sogar nur 247 Meter. Ein Katzensprung. Eine lange, unüberwindliche Grenze aber tat sich nach dem Zweiten Weltkrieg auf. Die Siegermächte schlugen den Ostteil der Insel Polen zu – mitsamt Usedoms größter Stadt. Aus Swinemünde wurde Świnoujście. Mit dem Beitritt Polens zur Europäischen Union baute man den Grenzzaun ab, und seit 2007 kittet die längste Strandpromenade Europas die Trennung wieder auf angenehmste Art. Fester betoniert als jede Grenzmauer scheinen gegenseitige Vorurteile zu sein. Mit deutsch-polnischen Festen und verschiedenen Kulturveranstaltungen macht man viel, um auch diese Spaltung zu überwinden.

SOMMER, SONNE, FKK

Nahtlos Bräunen gehörte zu den festen Bestandteilen der DDR-Badekultur. Vor allem in den 1950er-Jahren boomte das textilfreie Baden an den Stränden der Ostsee. Auf Usedom gehörte fast der gesamte Strand auf 42 Kilometern Länge zur FFK-Zone. Das hat sich deutlich geändert. Die textilfreien Strände sind in der Minderzahl und mit großen Schildern eigens ausgewiesen. Ein Rückfall in die Frühzeit des Usedomer Bäderbetriebs ist freilich nicht zu erwarten. Im 19. Jahrhundert pflegte man gut geschützt vor neugierigen Blicken in einem Badekarren in die Fluten zu steigen. Dass Männer und Frauen getrennt planschten, verstand sich von selbst. Anfangs reisten sowieso nur der Adel und gut betuchte Bürger in die aufstrebenden Badeorte Swinemünde, Heringsdorf, Ahlbeck, Zinnowitz und Bansin. Ab 1875 brachte die Bäderbahn von Berlin aus die preußische Hautevolee nonstop nach Usedom. Damit setzte ein wahrer Boom ein, der die vorpommersche Insel zur „Badewanne Berlins" machte. Villen im Stil der Bäderarchitektur verwandelten die einfachen Fischerdörfer in kurzer Zeit zu Schmuckstücken. Baden, ja – und Wohnen mit Stil. Und diese einzigartige Kulisse genießt man noch heute.

IN ZINNOWITZ WERDEN DIE MEISTEN SONNENSTUNDEN GEZÄHLT.

IM LAND DES SEEADLERS

Obwohl auch in Usedom immer mehr unberührte Natur zugebaut und der Landwirtschaft geopfert wird, gibt es auf der Insel noch viele wichtige Refugien für Vögel. Ausgedehnte Salzwiesen, überflutete Polder, die Flachwasserzonen an Haff, Achterwasser und Peenestrom bilden ein attraktives Revier. Mit etwas Glück erspäht man auch Seeadler. Sie brüten auf Usedom und auf der Insel Wollin. Weil sie weite Reviere durchstreifen, stehen die

Ahlbeck kann auf eine lange Seebädertradition zurückblicken und präsentiert stolz eine entsprechende Architektur.

Auch Heringsdorf zeigt schöne Bäderarchitektur (links). Anklam erinnert mit seinem Lilienthal-Museum an den Beginn der Fliegerei (rechts).

Die „V2" ist ein Beleg für Peenemündes (vergeblichen) Griff nach den Sternen.

Lüttenort verbindet Kunst mit Gartengestaltung: Im Atelier von Otto Niemeyer-Holstein (1896 bis 1984) in Koserow sieht es so aus, als hätte der Maler die Staffelei eben erst verlassen.

Special

Vineta

Das „Atlantis der Ostsee"

Jedes Jahr veranstaltet Zinnowitz die Vineta-Festspiele, aber auch Barth gegenüber der Halbinsel Zingst. Beide Orte pochen darauf, dass in ihrer Gegend die sagenhafte Stadt Vineta gestanden haben soll, bevor sie in den Fluten der Ostsee unterging.

Vinetas Dächer und Schweinetröge waren aus Gold, die Einwohner lebten im Überfluss. So kündet es die Sage. Und was sagt die Forschung? Mehrere historische Geschichtsschreiber berichten von einer Stadt an der Odermündung, die Beziehungen bis nach Byzanz und China unterhalten haben soll. 1170 vermeldet ein Chronist, der slawische Handelsplatz Vineta sei von den Dänen zerstört worden. Dann schweigen die Quellen. Aber wenn es Vineta gab, müssten sich Reste finden lassen. Mittelalterliche Ortsangaben und Kartenvermerke lenkten die Suche auf die Odermündungen bei Usedom und der benachbarten polnischen Halbinsel Wollin.

Bei den Vineta-Festspielen auf Usedom.

Neuen Forschungen zufolge gab es einst aber noch einen vierten Oderarm. Der ergoss sich am Barther Bodden ins Meer. Sollte also Barth die wahre Vineta-Stadt sein? Archäologische Untersuchungen stehen noch aus. Anders bei Wollin. In den 1930er- und 1950er-Jahren legten Forscher hier mehrere Handwerkerviertel, vier Häfen, Friedhöfe und zigtausend Fundstücke frei, die den Nachweis einer bedeutenden Stadt aus dem 10. bis 12. Jahrhundert erbrachten.

Chancen gut, die markanten Jäger auf ihren Flügen zu sehen.

Das gesamte Mündungsgebiet der Oder, das neben Usedom auch die Insel Wollin umfasst, bildet eine zentrale Landmarke für den europäischen Vogelzug. Legendär sind riesige Schwärme von Erlenzeisigen und Bergfinken. In den Wintermonaten rasten im Stettiner Haff Tausende nordischer Enten und Säger. Wenn man glückliche Menschen finden will, dann unter Vogelfreunden, die eine der Raritäten wie Karmingimpel oder Grünlaubsänger entdeckt haben. Es müssen nicht nur Vögel sein, die Naturfreunde begeistern: An der Peene haben sich wieder Biber angesiedelt und fällen nach bester Bibersitte Bäume für ihre Wohnburgen.

POMMERNS IKARUS

Fliegen können, dieser große Traum der Menschheit ließ den 1848 in Anklam geborenen Otto Lilienthal nicht los. Ein nicht unwesentliches Detail unterschied ihn von seinen Vorgängern: Während diese sich Flügel an die Arme schnallten und von irgendeinem Turm sprangen in der Hoffnung, fliegen zu können, studierte Lilienthal zuerst gründlich den Körperbau und die Flugbewegungen von Schwänen. Dabei erkannte er, dass unter anderem einer gewölbten Tragfläche große Bedeutung zukommt.

Die Usedomer leben seit eh und je auch vom Fischfang: Kutter am Strand von Ahlbeck (oben links), Boote am Achterwasser des Lieper Winkels (unten links) und Fischer in Kamminke am Stettiner Haff (unten rechts). Und auch für die Möwen (oben rechts ein Jungtier) fällt immer etwas ab.

Otto Lilienthal vereinigte mehrere gute Eigenschaften: Fachwissen, technisches Know-how und Geschick, um Flugapparate zu konstruieren und zu bauen; nicht zuletzt war er mutig und fit genug, seine bizarren Werke mit den fledermausartigen Flügeln auch auszuprobieren.

Und er war ein begnadeter Redner: „Niemand glich ihm in der Kraft, neue Mitstreiter zu gewinnen", berichteten die Brüder Wright.

Mit den ersten Flugapparaten gelangen ihm Flüge bis zu 25 Meter, später dann bis zu 250 Meter. Am 9. August 1896 startete Lilienthal zum letzten Mal. Sein Apparat wurde von einer Windbö ins Tru-

IN PEENEMÜNDE WURDEN EINST DIE GRUNDLAGEN FÜR DEN GRIFF NACH DEN STERNEN GESCHAFFEN.

deln gebracht. Beim Sturz aus 17 Meter Höhe brach er sich das Genick. Im Lilienthal-Museum von Anklam wird die Geschichte von Pommerns Ikarus eindrucksvoll aufbereitet.

DUNKLE VORZEICHEN

Auch in Peenemünde wurde Fluggeschichte geschrieben, allerdings unter braunen Vorzeichen. Im Dritten Reich erklärten die Nationalsozialisten die gesamte nördliche Inselspitze zum Sperrgebiet und errichteten Flugplatz, Maschinenhallen und Kraftwerk. So wurde das winzige Peenemünde zur mächtigen Heeresversuchsanstalt, die ab 1936 die ersten Raketen der Welt entwickelte und baute. Allerdings zu Kriegszwecken und unter Einsatz von Zwangsarbeitern, KZ-Häftlingen und Kriegsgefangenen. 1942 startete Hitlers erste Rakete von Usedom aus, ab 1944 brachten rund 3000 von ihnen unter dem Namen „Vergeltungswaffe" V2 Tod und Vernichtung über Menschen in Belgien, England und Frankreich. Nach dem Zweiten Weltkrieg sicherten sich die USA das

Schon Lyonel Feininger malte die Holländermühle von Benz, Otto Niemeyer-Holstein sorgte später für ihren Erhalt (oben). In der „Koserower Salzhütte" werden keine Heringe mehr gesalzen, heute kommt Räucherfisch auf den Tisch (Mitte rechts). Im Freilichtmuseum Ukranenland (Mitte links und unten rechts) wurde nach archäologischen Funden eine Slawensiedlung aus dem 9./10. Jahrhundert in Originalgröße rekonstruiert. Darsteller zeigen, wie man sich das Leben damals vorstellen darf.

Die „Svarog" war die erste Rekonstruktion eines slawischen Schiffes des 9./10. Jahrhunderts in Deutschland nach einem Bootsfund in Ralswiek: Ukranenland bei Torgelow.

Raketen-Know-how und den führenden Experten gleich dazu: Wernher von Braun erreichte 1969 bei der NASA mit der Mondlandung den Gipfel seiner Karriere.

IM HINTERLAND DER STRÄNDE

Wem der quirlige Badetourismus an Usedoms Nordseite zu viel wird, der hat es nicht weit zu Ruhe und Abgeschiedenheit. Auf der küstenabgewandten Seite schiebt sich zwischen Achterwasser und Peenestrom die stille Halbinsel Lieper Winkel. Am Festland nördlich von Anklam scheint die Landschaft vollends in einen Dornröschenschlaf zu sinken. Hier erstrecken sich weite Polderflächen, die wieder zurückgebaut werden. Die Pumpen, die einst die Wiesen entwässerten, stehen still, nach und nach dringt das Wasser wieder hinter den Deich. Hierher verirrt sich kaum ein Mensch.

Rund um das Städtchen Lassan hingegen ist eine bunte Szene entstanden. Tatkräftige Idealisten verwirklichen an vielen Stellen ihre Träume. Diana Peters betreibt in Pinnow bei Murchin den Gasthof „Zur Linde" und bereitet einen vorzüglichen Wildschweinbraten zu. Nach der Wende arbeitete sie einige Jahre lang erfolgreich in Franken, doch schließlich zog es sie in die Heimat zurück. Die Kooperative „Kräuter, Kunst und Himmelsaugen", ein Zusammenschluss aus Künstlern, Handwerkern und Sinnsuchern, haucht dem Lassaner Winkel Leben ein.

ALLTAGSSORGEN

Abstecher ins Hinterland gehören zu den schönsten Beschäftigungen. Akkurat gepflegt zeigt sich nicht nur der Friedhof der Dorfkirche von Bauer-Wehrland. Umringt von hüfthohen Zypressenhecken und somit gut geschützt vor dem immerwährenden Ostseewind blühen die Hortensien. Findlinge bilden den Sockel des Mauerwerks der Kirche, darüber türmt sich Backstein. Man fragt beim Küster nach dem Schlüssel, doch er lässt es sich nicht nehmen, St. Nikolai höchstpersönlich zu zeigen und öffnet die Tür. Man plaudert über dies und das und erfährt vieles von den Alltagssorgen einer Generation, die in der DDR groß wurde und in der BRD altert. Der Bus wird teurer, die Läden sind weit weg und viele Junge fortgezogen, soziale Netzwerke zerbrochen.

Wieder draußen, zaust Pommerns Sommerwind das Haar. Kormorane und Möwen kreisen überm Wasser, kleine Boote schaukeln glucksend am Pier. Schön hier. Und auch ein wenig einsam.

ZUR SACHE

Usedom und Wolin

EIN AUSFLUG NACH POLEN

Etwa ein Zehntel von Usedom gehört zu Polen. Ein schöner Tagesausflug führt über die Grenze nach Swinemünde, der größten Stadt der Insel. Wer noch weiter gen Osten reist, findet ein Naturparadies.

Der „Food Spot" von Swinemünde – ein Hauch von Amerika im polnischen Teil Usedoms. Rechte Seite: am Strand von Misdroy.

Einen kleinen Trip nach Polen unternehmen viele Usedom-Reisende gern. Die Grenze ist nah, gerade mal fünf Kilometer sind es von Ahlbeck aus. Einst kam man vor allem zum Billig-Shoppen auf dem „Polenmarkt" am Ortseingang von Swinemünde. Das Auto musste allerdings draußen bleiben, die Einkäufe schleppte man zu Fuß über die Grenze. Die verläuft hier erst seit 1945, als Deutschland große Teile von Pommern an Polen abtreten musste. Swinemünde und Misdroy, die zum alten Adel der deutschen Ostseebäder gehörten, wurden in Świnoujście bzw. Międzyzdroje umbenannt.

OHNE GRENZE(N)

Mit dem Beitritt Polens zur Europäischen Union 2004 und zum Schengen-Raum 2007 fielen Zaun und Grenzkontrollen. Wer mit dem Auto fahren will, tut dies ungehindert. Auch die Usedomer Bäderbahn fährt durch bis Świnoujście. Ganz der alte geblieben ist der Polenmarkt mit seinen kleinen Buden, mit Zigaretten, polnischer Wurst und Hochprozentigem, mit Korbwaren, Klamotten und Billigramsch. Sogar Gartenzwerge kann man kaufen und sich die Haare schneiden lassen. Mitten im Gedränge sitzt hie und da ein Weiblein, das aus einem Korb heraus Gemüse, selbst gesammelte Kräuter und waldfrische Steinpilze verkauft.

KOMFORT, WELLNESS, GESUNDHEIT

Świnoujście selbst hat sich seit Polens Öffnung sehr verwandelt. Die wilhelminischen Prachtbauten des Kaiserbads strahlen im alten Glanz, das Stadtzentrum ist modernisiert, und an der quirlig-bunten Strandpromenade flanieren neben Schnäppchenjägern auch Kurgäste, Familien mit ihren Kindern und Urlauber.

Überall wird saniert, restauriert, neu gebaut, immer neue Luxushotels mit Hunderten von Betten schießen aus dem Boden. Man setzt auf Komfort und spielt die Wellness- und Gesundheitskarte. Das Kurangebot gehört zum Besten in ganz Polen, auch um deutsche Kundschaft wird gezielt geworben: mit Erfolg. Die Sonne scheint genauso schön wie auf der deutschen Seite von Usedom, das Meer

Die Ostseeküste bei Misdroy am Ende des Tages.

Adler und Wisente sind die Attraktionen im Nationalpark Wollin. Rechte Seite: auf der weit hinaus reichenden Hafenmole (oben) und im neuen Zentrum von Swinemünde (unten).

ist exakt dasselbe, der Strand sogar eine Nummer größer, nur die Preise sind deutlich niedriger.

Świnoujście befindet sich erkennbar im Um- und Aufbruch. Doch wohin? Schon jetzt stöhnen viele Ahlbecker über die Blechkolonne, die sich tagtäglich über die Grenze wälzt. Öffnet sich Świnoujście einem Massentourismus? Wird die Küste zubetoniert? Keine zwölf Kilometer weiter steht auch das alte Seebad Międzyzdroje in den Startlöchern. Und was wird aus der sensiblen Natur im Umfeld?

IM LAND DER ROHRSÄNGER

Statt breit ins offene Meer zu strömen, sammeln sich die Wassermassen der Oder erst im Stettiner Haff. Dann quetschen sie sich an den Inseln Usedom und Wollin vorbei über die drei Mündungsarme Peenestrom, Swine und Dzwina ins Meer. Feuchtwiesen und Flachwasserzonen durchziehen diese eigentümliche Naturlandschaft. Weite Teile davon stehen unter Schutz. Im Schilf des Vogelreservats Kasiborska Kępa südlich von Świnoujście brütet der sehr seltene Seggenrohrsänger zusammen mit weiteren rund 150 Vogelarten. Ein breiter Streifen auf der Insel Wollin, der rund 100 Quadratkilometer große Nationalpark Woliński Park Narodowy, ist bewaldet. Schutz genießen hier vor allem die alten Küstenbuchenwälder. Die Küste selbst bildet an vielen Stellen eine schroffe, bis zu 95 Meter hohe Kliffkante. Mehr als 200 Vogelarten kommen hier vor, darunter auch das Symboltier des Nationalparks, der Seeadler.

Eine gern besuchte Attraktion ist das Wisent-Schaugehege, in dem eine Herde dieser fast ausgestorbenen Rinderart weidet. Die beeindruckend mächtigen Bullen mit den zotteligen Köpfen bringen über eine halbe Tonne Gewicht auf die Waage.

Informationen

Tourist-Information, Plac Slowianski 6/1, PL-72 600 Świnoujście, Tel. 0048/91 322 49 99, www.swinoujscie.pl/de

Woliński Park Narodowy (Nationalpark Wolin), Nationalparkmuseum, ul. Niedpodlegocci 3, Miedzyzdroje, Tel. 0048/91 328 07 27, www.wolinpn.pl
Mai–Sept. Di.–So. 9.00–18.00, sonst Di.–Sa. 9.00–15.00 Uhr

Wisentreservat (Misdroy Richtung Wiselka)
Mai–Sept. Di.–So. 10.00–18.00, sonst Di.–Sa. 8.00–16.00 Uhr

USEDOM UND HINTERLAND
108 — 109

IM SONNENWINKEL

„Badewanne Berlins" pflegte man einst die Kaiserbäder Ahlbeck, Heringsdorf und Bansin zu nennen. Heute strömt das Publikum aus ganz Deutschland und dem Ausland an den längsten Strand Europas.

❶ Karlshagen

Karlshagen (3200 Einw.) hat einen der breitesten und saubersten Strände der Insel.

UMGEBUNG
Die Technikgeschichte der nationalsozialistischen Heeresversuchsanstalt, die in **Peenemünde** (8 km nördl.) die ersten Raketen entwickelte, zeigt das Historisch-Technische Museum (HTM) im ehem. Kraftwerk (Bahnhofstraße, www.museum-peenemuende.de; April bis Sept. tgl. 10.00–18.00, sonst Di.–So. 10.00–16.00 Uhr). Auf demselben Gelände befindet sich die **Phänomenta**, die naturwissenschaftliche Phänomene spielerisch nahebringt (Museumstraße 12, Tel. 038371/2 60 66, www.phaenomenta-peenemuende.de; Mitte März–Anf. Nov. tgl. 10.00 bis 18.00 Uhr, sonst auf Anfrage). Eine große Zahl Spielzeuge aus der DDR und vieles andere mehr sind im **Spielzeugmuseum** zu sehen (Museumsstraße 14, www.usedom-spielzeugmuseum.de; tgl. 10.00–18.00 Uhr, im Sommer länger). Etwas fürs Auge und Gemüt ist die **Schmetterlingsfarm** 6 km südl. in Trassenheide (Wiesenweg 5, Tel. 038371/2 82 18, www.schmetterlingsfarm.de; Feb.–Mitte Nov. tgl. 9.30–18.00 Uhr).

INFORMATION
Tourist-Information, Hauptstraße 4, 17449 Ostseebad Karlshagen, Tel. 038371/5 54 90, www.karlshagen.de

❷ Zinnowitz

Feinster Sand am Strand, eine Tauchgondel und die Vineta-Festspiele (siehe „Unsere Favoriten", S. 90/91) charakterisieren das noble Seebad (4100 Einw.) im Norden der Insel.

SEHENSWERT
Die 315 m lange **Seebrücke** selbst ist schlicht, ein Hingucker dafür die **Tauchgondel**, mit der man fast bis auf den Meeresgrund abtauchen kann; eine Tauchfahrt dauert 30–40 Min. (Tel. 038377/ 3 78 61, www.tauchgondel.de; Juni–Aug. tgl. 10.00–21.00, April, Mai, Sept., Okt. bis 19.00, Nov.–März tgl. 11.00–16.00, außerhalb der Ferien Mo./Di. geschl.).

RESTAURANT
€€ **Zum Smutje** (Vinetastraße 5a, Tel. 038377/ 4 15 48, www.zum-smutje.de; Di. Ruhetag) ist eines der besten Fischrestaurants auf der ganzen Insel.

Oben: Blick auf die Seebrücke von Heringsdorf, mit 508 m Länge die längste ihrer Art in Deutschland. Der pyramidenartige Aufbau an ihrem Ende birgt ein Restaurant. Rechts: Strandkorbherstellung „Korbwerk" in Heringsdorf.

UMGEBUNG
An der schmalsten Stelle der Insel liegt **Lüttenort**, wo Otto Niemeyer-Holstein (1896–1984) lebte und wirkte. Heute sind Wohnhaus, Atelier und Garten des Malers Museum und Galerie, in dem auch Lesungen und Malkurse stattfinden (www.atelier-otto-niemeyer-holstein.de; Mitte April–Mitte Okt. tgl. 10.00–18.00, sonst Mi., Do., Sa., So., Fei. 10.00–16.00 Uhr).

INFORMATION
Haus des Gastes,
Neue Strandstraße 30,
17454 Ostseebad Zinnowitz,
Tel. 038377/49 20, www.zinnowitz.de

❸ Kaiserbäder

Bansin, **Heringsdorf** und **Ahlbeck** haben sich zu einer Gemeinde mit dem noblen Namen „Kaiserbäder" (8700 Einw.) mit gemeinsamer Strandpromenade zusammengetan.

SEHENSWERT
In allen drei Seebädern gibt es herrliche Zeugnisse der **Bäderarchitektur TOPZIEL**. Im Heringsdorfer Kurpark steht der größte Strandkorb der Welt. **Ahlbecks Seebrücke** (1898) ist die älteste erhaltene an der deutschen Ostseeküste, die von **Heringsdorf** (508 m) ist die längste.

MUSEEN
An illustre Literaten wie die Gebrüder Mann, Leo Tolstoi und Theodor Fontane erinnert das Heringsdorfer **Museum Villa „Irmgard"**. Ein eigener Gedenkraum ist Maxim Gorki gewidmet (Maxim-Gorki-Straße 13, Tel. 038378/ 2 23 61; Juni–Sept. Di., Do., Sa. 12.00–18.00 Uhr). Dem Bansiner Schriftsteller **Hans Werner Richter** (1908 bis 1993) ist das gleichnamige Literaturhaus gewidmet (Waldstraße 1; Juli–Sept. Di.–Fr. 10.00–12.00, 13.00–17.00, Sa. 12.00–17.30, Okt.–Juni nur bis 16.00 Uhr).

VERANSTALTUNG
Ende Sept./Anf. Okt. steigt das **Usedomer Musikfestival** (siehe „Unsere Favoriten", S. 90/91).

HOTELS UND RESTAURANT
Im €€€€ **Seetelhotel Esplanade** wohnt man fein hinter Jugendstilfassaden in einem ehem. Herrenhaus mitten im Ort (Seestraße 5, 17424 Heringsdorf, Tel. 038378/700, www.seetel.de).

INFOS & EMPFEHLUNGEN

Praktisch für Golfer, hell und wohnlich eingerichtet mit freundlich-professionellem Service ist das €€ / €€€ **Baltic Hills Usedom.** Sehr schön sind die Zimmer abseits des Parkplatzes: Sie öffnen sich auf die Wiesen und Hügel des Golfplatzes (Hauptstraße 10, 17419 Korswandt, Tel. 038378/80 50-0, www.baltic-hills-usedom.de).

UMGEBUNG

In **Kamminke** (16 km südl.) erinnert die Gedenkstätte auf dem **Golm** an eines der entsetzlichsten Geschehen im Zweiten Weltkrieg: Als am 12. März 1945 Swinemünde von amerikanischen Streitkräften bombardiert wurde, befanden sich über Zehntausend Flüchtlinge aus Ostpreußen in der Stadt. Die Bombenopfer wurden in einem Massengrab auf dem Golm beigesetzt, dem mit 69 m höchsten Hügel Usedoms. Nahe Ahlbeck liegt die polnische Grenze und jenseits davon **Swinemünde (Świnoujście)**, die mit 41 000 Einw. größte Stadt auf Usedom. Eine Fähre verbindet das Zentrum mit den auf der Insel Wolin gelegenen Stadtteilen. Es lohnt ein Gang ins Museum für Hochseefischerei (Plac Rybaka 1, www.muzeum-swinoujscie.pl; Mo.–Fr. 9.00–19.00, Sa. bis 17.00, So. 10.00–15.00 Uhr).

INFORMATION

17419 Seebad Ahlbeck, Dünenstraße 45, Tel. 038378/49 93 50

17429 Seebad Bansin, An der Seebrücke, Tel. 038378/4 70 50

17424 Seebad Heringsdorf, Delbrückstr. 33, Tel. 038378/ 24 51

www.kaiserbaeder-auf-usedom.de

❹ Usedom

Das kleine Städtchen (1700 Einw.) gab der Insel den Namen.

SEHENSWERT

Erstaunlich groß für so eine kleine Stadt: die **Marienkirche** (14. Jh., mehrfach umgebaut). Die Besonderheiten der Inselnatur bringt die **Informationsstelle des Naturparks Usedom** im alten Bahnhof näher; auf Entdeckungstour geht man hier am besten per Rad und schließt sich einer der geführten Touren an (www.naturpark-usedom.de; Mai–Sept. Mo.–Fr. 10.00–18.00, Sa. 10.00–14.00, sonst Mo.–Fr. 10.00–16.00 Uhr).

HOTEL UND RESTAURANT

Zu empfehlen ist der €€ **Rankwitzer Hof**. Wer sich in einer einfachen, gemütlichen Gaststube im Hinterland wohlfühlt, gute, bodenständige Küche ohne Schnickschnack schätzt, Wild und Fisch liebt, der ist hier richtig. Mit acht

Oben: Mit dem Solarboot auf der Peene in eine Welt der Ruhe und Freiheit. Rechts oben: Nur wenige Kilometer von der Küste entfernt lässt wie hier bei Benz der Touristenandrang deutlich nach. Darunter: Eingebettet in eine herrliche Parklandschaft liegt die Villa Oppenheim (Heringsdorf).

> **Tipp**
>
> ## Zu Besuch im Wasserschloss
>
> An Sommertagen ist der Ansturm auf die Terrasse des €€ / €€€ **Wasserschlosses Mellenthin** gewaltig. Dann lohnt es sich, das Schloss zu umrunden, rückseitig findet sich eine noch viel schönere Terrasse. Mellenthin umfasst Brauerei, Café, Restaurant, Kaffeerösterei in der ehem. Kapelle und Hotel. Über die Brücke darf aber nur, wer Wegezoll bezahlt hat …
>
> **WASSERSCHLOSS MELLENTHIN**
> Schlossallee 5, 17429 Mellenthin, Tel. 038379/2 87 80,
> www.wasserschloss-mellenthin.de

Zimmern (Dorfstraße 15, 17406 Rankwitz, Tel. 038372/ 7 05 63, www.rankwitzer-hof.de).

UMGEBUNG

Herrlich ruhig ist die nördlich gelegene Halbinsel **Lieper Winkel** zwischen Peenestrom und Achterwasser nördlich. Bergsteigerqualitäten sind nicht erforderlich, um den 19 m hohen Jungfernberg nördlich von Rankwitz zu bezwingen, der einen Blick über diese wenig besuchte Landschaft erlaubt. Ein rühriger Förderverein widmet sich dem Erhalt der drei sehenswerten Dorfkirchen von **Liepe** (1216 erwähnt), **Mellenthin** (14. Jh.) und **Morgenitz** (15. Jh.).

INFORMATION

Stadtinformation, Bäderstraße 5, 17406 Usedom, Tel. 038372/7 08 90, www.stadtinfo-usedom.de

❺ Anklam

Einst eine bedeutende Hansestadt, dient Anklam (12 400 Einw.) heute meist als Station auf dem Weg nach Usedom. Berühmtester Sohn der Stadt ist Otto Lilienthal (1848–1896).

SEHENSWERT

Wie die gesamte Stadt wurde auch die gotische **Nikolaikirche** mit ihrem 103 m hohen Turm im Zweiten Weltkrieg fast komplett zerstört. Nach Abschluss des Wiederaufbaus wird in das Bauwerk das **Ikareum** einziehen, ein Hängegleitermuseum, das dem Flugpionier Otto Lilienthal gewidmet ist, dessen grundlegenden Untersuchungen von Modellflügeln und eigene erfolgreiche Flugversuche in den Jahren 1891 bis 1896 ein Jahrzehnt später zur Verwirklichung des Motorflugs durch die Gebrüder Wright führten. Nicht versäumen: der Aufstieg zur Aussichtsterrasse, die einen weiten Blick über Stadt und die sich breit dahinwälzende Peene erlaubt (www.nikolaikirche anklam.de; Mitte Mai–Okt. Di.–Fr. 10.00–17.00, Sa.. So. Fei. ab 13.00 Uhr). In der urspr. romanischen **Marienkirche** sind Ausmalungen aus der Zeit um 1320 erhalten; ihr 100 m hoher Turm überragt die Stadt.

MUSEEN

Hauptattraktion Anklams ist das **Otto-Lilienthal-Museum TOPZIEL**. Hier erfährt man alles rund um den Traum vom Fliegen und seiner Verwirklichung durch Lilienthal und andere, die ihren Forscherdrang oft mit dem Leben bezahlten. Dicht umlagert: die Versuchsstationen, die Auftrieb und andere flugphysikalische Phänomene veranschaulichen (Ellbogenstraße 1, Tel. 03971/24 55 00, www.lilienthal-museum.de; Juni–Sept. tgl. 10.00–17.00, Mai und Okt. Di.–Fr. 10.00–17.00, Sa. und So. 13.00–17.00, Nov. bis April Mi.–Fr. 11.00–15.30, So. 13.00–15.30 Uhr).

> **IM OTTO-LILIENTHAL-MUSEUM IN ANKLAM ERFÄHRT MAN ALLES RUND UM DEN TRAUM VOM FLIEGEN UND SEINER VERWIRKLICHUNG.**

USEDOM UND HINTERLAND

Stadtgeschichte vermittelt das **Museum im Steintor** (Schulstraße 1, Tel. 03971/24 55 03, www.museum-im-steintor.de; Mai–Sept. Di.–Fr. 10.00–17.00, Sa. und So. 13.00–17.00, sonst Mi.–Fr. 11.00–15.30, So. 13.00–15.30 Uhr).

AKTIVITÄTEN
Mit **Kajak, Kanu und Hausboot** lässt sich die faszinierende **Flusslandschaft der Peene** TOPZIEL ganz in Ruhe erkunden. (Kanu-, Bootsverleih: Abenteuer Flusslandschaft, Tel. 03971/24 28 39, www.abenteuer-flusslandschaft.de; Kanustation Anklam, Werftstraße 6, Tel. 03971/24 28 39, www.kanustation-anklam.de)

HOTEL UND RESTAURANT
Immer gut besucht und mit gemütlich-familiärem Ambiente: die €€ **Ackerbürgerei**. Do. wird Dinkelpizza aus dem Holzofen gebacken und verkauft (Lange Straße 55, 17440 Lassan, Tel. 03837/4 51 11, www.ackerbuergerei.de). Hervorragende Wildgerichte, ausgewählten fränkischen Wein und vier wohnliche Zimmer bietet der €€ **Gasthof zur Linde** (Pinnow 7, 17390 Murchin-Pinnow, Tel. 03971/24 52 10, www.mein-kleiner-gasthof.de).

UMGEBUNG
Lassan (18 km nordöstl.) ist ein verschlafenes Landstädtchen, lohnt aber trotzdem den Besuch. Man schlendert auf Kopfsteinpflaster zum Hafen und schaut den Möwen zu. Einen ganzen Strauß von kreativen Ideen haben verschiedene Kooperativen im **Lassaner Winkel** unter dem Stichwort „Kräuter, Kunst und Himmelsaugen" verwirklicht (www.lassaner-winkel.de). Es lockt u. a. der Kräutergarten Pommerland in Pulow, wo man online Kräuter bestellen kann und auf Kräuterführungen die heilenden Kräfte von Brennessel, Schafgarbe und anderen kennenlernt (www.kraeutergarten-pommerland.de). Wie Kräuter wachsen, blühen und duften erfährt man im Duft- und Tastgarten Papendorf bei Lassan (www.mirabell-ev.de). Auch der Abstecher nach Norden lohnt sich: erst ein Blick auf die barocken Deckenmalereien der Feldsteinkirche von Wehrland-Bauer (Schlüssel beim Küster im Haus gegenüber), dann die Straße von Wehrland aus nach Südw. nehmen und die „Hünenbetten" erkunden, mächtige Megalithgräber der Jungsteinzeit.
In **Ueckermünde** (36 km südöstl.) gibt es ein Haffmuseum (Am Rathaus 3, www.ueckermuende.de; Juni–Aug. Di.–So. 10.00–17.00, März bis Mai, Sept. und Okt. Mi.–Fr. 10.00–12.00 und 13.00–17.00, Sa. 13.00–17.00, Nov.–Feb. Do., Fr. 10.00–15.30 Uhr). Das Freilichtmuseum Ukranenland in **Torgelow** (36 km südöstl.) lässt slawische Zeiten lebendig werden, mit historischen Handwerksvorführungen (Jatznicker Straße 31, Tel. 03976/20 23 97, www.ukranenland.de; Mai, Juni, Sept. tgl. 10.00–16.00, Juli, Aug. bis 17.00, Okt. Mo.–Fr. 10.00–16.00 Uhr).

INFORMATION
Anklam-Information, Markt 3, 17389 Anklam, Tel. 03971/83 51 54, www.anklam.de

RADELN AM STETTINER HAFF

Usedom eignet sich perfekt zum Radfahren. Auf diese Weise lernen Sie Menschen und Natur besonders intensiv kennen. Ein Fernradweg führt in acht Tagen rund ums Stettiner Haff. Start ist in Ueckermünde. Von dort führt der Weg nach Mönkebude. Dann verlässt man die Küste, um durchs Landesinnere durch den Naturpark Stettiner Haff Richtung Anklam zu strampeln.

Beim Verlassen der alten Hansestadt Richtung Libnow passiert man das eindrucksvolle Peenemoor. Die Zechertiner Klappbrücke führt nach Usedom zunächst zum gleichnamigen Ort, folgt dem Haff bis Garz. Wer nach Kamminke fährt und den Golm besucht, hat den besten Überblick auf die ganze Insel. Nordwärts radelnd sind die Seebäder Heringsdorf und Ahlbeck erreicht. Ab hier führt der Weg immer ostwärts an der Küste entlang über die polnische Grenze nach Swinemünde zum Seebad Misdroy. Dort verlässt man Strand und Meer, um durch den Wolinski-Nationalpark nach Wolin und Stettin zu radeln. Organisierte Touren ohne Gepäck bieten für die Strecke zwischen Wolin und Stettin einen Bustransfer an, da sie lang und relativ reizlos ist. Auch der Folgetag beginnt mit einem Bustransfer bis zum deutschen Städtchen Löcknitz. Dort führt der Radweg durchs Landesinnere zurück an den Startpunkt Ueckermünde.

Echte Steigungen gibt es keine, höchstens Gegenwind.

Die Radwege sind auf der deutschen Seite sehr gut, auf der polnischen noch im Ausbau – in der Regel werden Radler hier auf wenig befahrene Landstraßen geleitet. Kartenmaterial sollte man unbedingt griffbereit haben.

Infos: Tourismusverband Vorpommern, www.vorpommern.de und www.ostsee-radtouren.de
Touranbieter: Mecklenburger Radtour GmbH, Zunftstraße 4, Stralsund, Tel. 03831/30 67 60, www.mecklenburger-radtour.de
Tagesstrecken: 30–60 km
Unterkünfte: Zeltplätze sind fast überall verfügbar. Gute Auswahl an Hotels insbesondere in Ueckermünde, Anklam, Heringsdorf/Ahlbeck, Swinemünde und Stettin.

UNSERE FAVORITEN

Die besten Bio-Hotels

GRÜNER WOHNEN

Urlaub machen und gleichzeitig die Umwelt schonen? Klingt gut. Zwar ist die Zahl der Unterkünfte im „grünen" Segment an der Ostseeküste – noch – überschaubar, aber es ist durchaus möglich, ökologisch korrekt und mit allem Komfort eines modernen Hotels zu nächtigen.

❶ Gutshaus Parin

Das Gutshaus mit seinen alten Bäumen, Blumenbeeten und dem Teich wirkt schon optisch sehr naturnah. Eine Solaranlage speist die Kraft der Sonne in ein Biomasseheizwerk ein, das mit einer Pelletheizung ergänzt wird und an kalten Tagen CO_2-neutral Wärme spendet. Eine Netzfreischaltung sorgt dafür, dass mit Löschen der letzten Lampe der Raum frei wird von elektromagnetischen Feldern. Mit Lehm verputzte Wände erzeugen ein angenehmes Raumklima. Die Eichenböden sind mit Naturöl eingelassen, alle in den Innenräumen verwendeten Farben sind biozertifiziert, das Duschwasser wird aufbereitet und in den Toiletten wiederverwendet. Was in der Küche verarbeitet wird, kommt aus der Region oder aus dem hauseigenen Bioanbau. Schön: das Seminarangebot von Ayurveda bis Achtsamkeit.

Gutshaus Parin, Wirtschaftshof 1, 23948 Parin Tel. 03881/75 68 90 www.gutshaus-parin.de

❷ Gutshaus Stellshagen

Der Klützer Winkel wird für seine Beschaulichkeit geschätzt. Das Meer ist nah, die Felder sind weit, und der Himmel wölbt sich in einem enormen Blau über der flachen Landschaft. Gutshaus und Nebengebäude fügen sich bestens in die stille Atmosphäre dieses Landstrichs südlich von Boltenhagen ein. Zum zertifizierten Bio- und Gesundheitshotel mit Saunahaus und Badeteich gehören eigene Gemüsefelder. Was dort geerntet wird, kommt frisch auf den Tisch. Wen es fortzieht, der nutzt die hoteleigenen E-Bikes. Das Zimmerangebot erstreckt sich auf mehrere Gebäude, am charmantesten wohnt man im Gutshaus. Besonderes Plus: das TAO-Gesundheitszentrum.

Hotel Gutshaus Stellshagen, Lindenstr. 1, 23948 Damshagen-Stellshagen, Tel. 038825/4 40, www.gutshaus-stellshagen.de

❸ Ginko Mare

Die Lage des Hotels ist ideal: mitten im Nationalpark Vorpommersche Boddenlandschaft. Zu Fuß sind es bis zum Nordstrand zehn, bis zum legendären Weststrand 30 Minuten. Hier ruht man in allergikerfreundlichen Betten, freut sich an den handgefertigten Birkenholzmöbeln, wandelt auf Eichenparkett. Die Zimmer sind zwar nicht groß, haben aber Netzfreischaltung und werden mit Hilfe von Erdwärme geheizt. Morgens macht das Bio-Vollwert-Frühstück munter; auf Wunsch laktose- und glutenfrei. Beim Entspannen/Zentrieren helfen die hier angebotenen Yoga- und Meditationsstunden.

Ginko Mare, Buchenstraße 41a, 18375 Ostseebad Prerow, Tel. 038233/70 13 www.ginkomare.de

UNSERE FAVORITEN
114 — 115

④ Kinder- & Familienhotel Gut Nisdorf

Das Kinder- & Familienhotel Gut Nisdorf bietet als zertifiziertes Biohotel eine möglichst gesunde Umgebung: Die Zimmer und Appartements sind mit Vollholzmöbeln ausgestattet, geputzt wird mit Ökoreinigungsmitteln, das Regenwasser wiederverwendet. Die Küche setzt auf biologische Lebensmittel aus der Region. Das direkt am Vorpommerschen Bodden gelegene Haus umgibt ein riesiges Gartengelände, auf dem Kinder spielen und Gemüse ernten dürfen. Im Frühjahr und Herbst machen die Kraniche auf den Wiesen rund ums Gut Station.

Kinder- & Familienhotel Gut Nisdorf, Grabowerstr. 14 18445 Nisdorf, Tel. 038323/ 25 10, www.gut-nisdorf.de

⑤ Haus Gaia

Auch Ferienwohnungen können ökologisch korrekt sein: Wie bei einem Haus mit Namen Gaia zu erwarten, bezieht das Anwesen in Heringsdorf die Heizenergie aus einer Erdwärmeanlage. Die Sonne, die auf Usedom so reichlich scheint, wird angezapft, um Warmwasser zu erzeugen; durch die Toiletten rauscht Regenwasser. Zwar sind die Zimmer klein, doch Ute und Dietmar Pühler haben sie nach baubiologischen Gesichtspunkten renoviert und lassen Feng-Shui-Prinzipien walten. Haustiere sind nicht gestattet – den Allergiker freut's.

Haus Gaja, Im Seefeld 15, 17424 Ostseebad Heringsdorf, Tel. 038378/4 73 78, www.haus-gaja-usedom.de

⑥ Gutshof Insel Usedom

Mitten auf Usedom liegt das Wasserschloss Mellenthin. Zu diesem gehörte auch ein Gutshof, Keimzelle des heutigen Hotels. Das Gebäude wurde um 1900 aus warmroten Klinkersteinen erbaut, nach der Wende umfangreich saniert und zum zertifizierten BIO-Hotel umgebaut. Hier kommt Ökostrom aus der Steckdose, die Lebensmittel stammen aus ökologischem Landbau – sogar von den eigenen Feldern. Die Ernte wird im Biorestaurant weiterverarbeitet, etwa zu den Frischkornwaffeln, Vollwertpizzen und anderen mediterran angehauchten Spezialitäten. Für besonders romantische Stimmung sorgt das Storchennest auf dem Dach.

Gutshof Insel Usedom, Dorfstraße 24, 17429 Mellenthin, Tel. 038379/2 07 00, www.gutshof-usedom.de

HILFREICH & NÜTZLICH

Praktische Informationen für die Reise und einiges Wissenswerte über die Ostseeküste und Mecklenburg-Vorpommern haben wir hier für Sie zusammengetragen.

Räucherfisch wird immer gern gegessen.

Anreise

Auto: Die Ostseeküste ist sehr gut erreichbar. Bitte beachten: Die Zecheriner Brücke und die Wolgaster Brücke werden mehrmals tgl. für ca. 15 Min. gesperrt (Info-Tel. 0381/20 67 18 44). Staufrei kommt man zur Hochsaison eher selten auf die Insel Rügen. Wer sich vorab über Baustellen informieren möchte, kann www.strassenbauverwaltung.mvnet.de nutzen.
Bahn: Fahrplanauskunft, Buchungen unter Tel. 0180/6 99 66 33 bzw. www.bahn.de. Eine automatische DB-Fahrplanauskunft bietet kostenlos die Tel. 0800/1 50 70 90. Der Rasende Roland verbindet seit 1895 Lauterbach, Putbus, Binz, Sellin, Baabe, Göhren (www.ruegensche-baederbahn.de). Die Bäderbahn Molli verkehrt zwischen Bad Doberan, Heiligendamm und Kühlungsborn (www.molli-bahn.de).
Bus: Div. Fernbusunternehmen steuern die Ostseeküste an, z.B. FlixBus (www.flixbus.de).
Fähren nach Hiddensee: Die Reederei Hiddensee (Tel. 03831/2 68 10, www.reederei-hiddensee.de) verbindet Hiddensee mit Schaprode, Stralsund, Wiek, Vitte und Dranske. Wer es eilig hat, nach Hiddensee zu kommen, nutzt das Wassertaxi ab Stralsund oder Schaprode (Hiddenseer Taxiring, Tel. 038300/2 10, www.reederei-hiddensee.de).
Fähren nach Rügen: Die Weiße Flotte (Tel. 03831/2 68 10, www.weisse-flotte.de) bedient die Strecken zwischen Stralsund und Altefähr sowie zwischen Stahlbrode und Glewitz.
Flug: Rostock und Usedom besitzen einen Flughafen. So gelangen Sie national ganzjährig von/bis Airport Rostock-Laage (Tel. 038454/32 13 90, www.rostock-airport.de; 28 km von Rostock), sowie national von April bis Okt von/bis Heringsdorf auf der Insel Usedom (Am Flughafen 1, Zirchow, Tel. 038454/25 00, www.flughafen-heringsdorf.de).

Auskunft

Überregional:
Tourismusverband Mecklenburg-Vorpommern e.V., Konrad-Zuse-Str. 2, 18057 Hansestadt Rostock, Tel. 0381/4 03 05 50, www.auf-nach-mv.de
Bäderverband Mecklenburg-Vorpommern e.V., Konrad-Zuse-Straße 2, 18057 Handestadt Rostock, Tel. 0381/ 80 89 93 80, www.mv-baeder verband.de

Regional: Verband Mecklenburgischer Ostseebäder e.V., Konrad-Zuse-Str. 2, 18057 Hansestadt Rostock, Tel. 0381/80 89 26 70, www.ostseeferien.de
Tourismusverband Vorpommern e.V., Fischstraße 11, 17489 Hansestadt Greifswald, Tel. 03834/89 11 89, www.vorpommern.de
Tourismusverband Fischland-Darß-Zingst e.V., Barther Straße 16, 18314 Löbnitz, Tel. 038324/ 64 00, www.tv-fdz.de
Tourismuszentrale Rügen GmbH, Circus 16, 18581 Putbus, Tel. 03838/80 77 80, www.ruegen.de
Usedom Tourismus GmbH, Hauptstr. 42, 17459 Koserow, Tel. 038375/24 41 44, www.usedom.de
Internet: www.auf-nach-mv.de: Umfassende Webseite der Tourismuszentrale mit Infos rund um Unterkünfte, Kultur, Freizeitangebote
www.meckpomm.de: Buchungsportal der Zeitung Nordkurier, mit vielen Tipps rund um Freizeitmöglichkeiten.
www.m-v.de: Portale der Landesregierung mit Hintergrundinformationen rund um Mecklenburg-Vorpommern inklusive Tourismus, Veranstaltungen, Bildung und Wissenschaft.
www.kultur-mv.de: interessante, themenbezogene Webseite des Ministeriums für Bildung, Wissenschaft und Kultur.
www.landurlaub-mv.de: Suchfunktion für Hofläden, Direktvermarkter, Ferienwohnungen und Unterkünfte.
www.ostsee.de: umfassende Website rund um Unterkunft, Sport, Freizeit, und auch zu Strandfunden wie „Hühnergötter" und „Donnerkeile" (beides Feuersteine).

Essen und Trinken

Die regionale Küche an der Ostseeküste zeichnet sich überwiegend durch eine solide, sättigende Kost aus. Interessant ist der Hang zur Kombination aus salzig und süß, was auf kulinarische Inspirationen aus der Schwedenzeit zurückgeführt wird. Jüngster Trend: die „Neue pommersche Küche", die traditionelle Gerichte um ungewohnte Zutaten bereichert.
Hauptgerichte: Eine zentrale Rolle unter den landestypischen Speisen kommt **Fisch und Meeresfrüchten** zu. **Hering** ist der meistgefangene und -gegessene Fisch an der Ostseeküste. Das ehemalige Arme-Leute-Essen gibt

Daten & Fakten

Info

Landesnatur: Die Landschaft der Ostseeküste ist ein Produkt der letzten Eiszeit. Im Westen beginnt das Bundesland mit dem Klützer Winkel, an der Küste liegen die Städte Wismar und Rostock. Letztere ist die größte Stadt Mecklenburg-Vorpommerns. Die Recknitz bei Ribnitz-Damgarten bildet die Grenze zu Vorpommern. Darß, Hiddensee, Rügen, Stralsund, Greifswald, Anklam und Usedom gehören zu Vorpommern. Rügen und Usedom sind Deutschlands größte Inseln. Weitere größere Inseln an der Ostsee sind Poel, Ummanz und Hiddensee, wichtigste Halbinsel ist Fischland-Darß-Zingst Die enorme Küstenlänge von 1568 km kommt durch die starke Zergliederung in Bodden und Haffs zustande. Die Außenküste selbst ist 337 km lang. Höchster Berg der Ostseeküste Mecklenburg-Vorpommern ist der 160 m hohe Piekberg auf Rügen. 63 % der Landesfläche werden landwirtschaftlich genutzt, 20 % sind Wald, knapp 8 % sind Siedlungs- und Verkehrsflächen, und der Anteil der Gewässer liegt bei etwa 6 %
Klima: Wind, gemäßigte Temperaturen und wenige Niederschläge charakterisieren die Ostseeküste. Auf Ostrügen und Usedom bestimmen kontinentalere Einflüsse das Wetter; immer wieder kommt es zu Rekorden in der Sonnenscheindauer.
Verwaltung und Bevölkerung: Im Bundesland Mecklenburg-Vorpommern leben über 1,6 Mio. Menschen auf 23 213 km², also nur 69 Einw./km² (der Bundesdurchschnitt liegt bei 232 Einw./km²).
Wirtschaft: Wichtige Wirtschaftszweige sind der Tourismus, die Land- und die Ernährungswirtschaft. Große Chancen werden in der Stromerzeugung aus regenerativen Energiequellen gesehen sowie – basierend auf Universitätsforschungen – in der Bio- und Medizintechnik.

Strandfreuden und Strandkörbe in Binz.

Restaurants

Um sich von der Konkurrenz abzuheben, setzen viele Restaurants auf qualitativ hochwertige Zutaten regionaler Herkunft. Restaurants, die mit Convenience-Food arbeiten, also mit aufgewärmten Fertiggerichten aus dem Beutel bzw. Tiefkühlkost, gibt es freilich auch an der Ostseeküste. Gourmetrestaurants finden sich überwiegend in den Seebädern. Eine kleine Auswahl an Restaurants bieten die Infoseiten. Die Preiskategorien beziehen sich auf ein typisches Hauptgericht.

Preiskategorien

€€€€	Hauptspeisen	über 25 €
€€€	Hauptspeisen	20–25 €
€€	Hauptspeisen	10–20 €
€	Hauptspeisen	unter 10 €

Sport

Angebote und Adressen vermittelt der Tourismusverband auf seiner Internetseite unter www.auf-nach-mv.de/aktiv.

Angeln: Das Angebot für Freizeitangler ist enorm. Bodden, Meer und Inlandsgewässer bieten die Möglichkeit, Hecht, Zander, Barsch und Dorsch zu angeln, natürlich auch Hering. Informationen rund um Bestände, Saison- und Schonzeiten sowie Mindestmaße unter www.auf-nach-mv.de/angeln. Wer angeln möchte, benötigt einen Fischereischein oder einen Touristen-Fischereischein. Dieser ist 28 Tage gültig und zum Preis von 24 € an 150 Ausgabestellen erhältlich. Er erspart eine umfangreiche Schulung inkl. Prüfung, welche die Voraussetzung für einen regulären Fischereischein ist. Das Land Mecklenburg-Vorpommern hält es für ausreichend, wenn die Touristen-Angler mittels einer Broschüre über Fischerei und Tierschutzsachkunde aufgeklärt werden. Eine Angelkarte ist auch für Touristen-Angler nötig (erhältlich beim Gewässer-Eigentümer). Touristeninformationen halten eine Broschüre bereit, die alle Angelregeln erläutert (www.auf-nach-mv.de/angeln).

Golf: Viele schöne Golfplätze zieren Mecklenburg-Vorpommern. Elf von 17 Golfplätzen des Landes liegen an der Küste. Zu den Adressen, Öffnungszeiten und Spielkonditionen gibt der regionale Golfverband Auskunft (www.golfverband-mv.de).

Radfahren: Die Ostseeküste eignet sich perfekt zum Radfahren, sieht man vom eventuellen Gegenwind ab. Über Tages- und Rundtouren sowie die Radfernwege informiert der Tourismusverband auf seiner Internetseite www.auf-nach-mv.de/radwandern. In allen Seebädern kann man Räder leihen, oft auch Elektrobikes. Vor allem auf Usedom steht ein engmaschiges Verleihnetz für Elektrobikes zur Verfügung (www.usedomrad.de).

Reiten: Reiten von Grund auf lernen oder einen richtigen Urlaub auf einem Reiterhof, alles

---

es in allen erdenklichen Varianten, gebraten, geräuchert, gebacken, gekocht, als Bückling (geräucherte grüne Heringe) und eingelegt als sauren Bismarckhering. Reift der Hering in einer milden Salzlake, heißt er Matjes, beträgt der Salzgehalt der Lake über 20 %, spricht man von Salzhering; aufgerollt wird der in Salz und Essig eingelegte Hering zum Ostseerollmops. Besonders beliebt und ideal als Zwischenmahlzeit: Hering aus der Fischbude zwischen zwei Brötchenhälften. Moderne Varianten der Zubereitung sind beispielsweise Heringspralinen und Heringsravioli. Einen Überblick über die jüngsten Kreationen verschaffen die Usedomer Heringswochen, bei denen alle Küchenchefs ihre Neuheiten servieren. Weitere, häufig angebotene Speisefische sind **Aal, Dorsch, Hecht, Scholle** und **Zander.** Teils kommen sie frisch aus Meer und Bodden bzw. Fluss und See, teils werden sie tiefgekühlt geliefert. Ein sehr selten gewordener Fisch ist der Ostseeschnäpel: ein Raubfisch mit zartrosa Fleisch, der auch Steinlachs genannt wird. Dank künstlicher Anzuchten in Naturgewässern ist er wieder erhältlich. Übliche Beilage zu Fleisch- und Fischgerichten sind Pellkartoffeln. Kartoffeln werden auch Tüften genannt. Kartoffelbrei bzw. Kartoffelpüree nennt sich Kartoffelstampf.

Labskaus ist an der ganzen Küste gängig. Das alte Seemannsgericht besteht ursprünglich aus gepökelter Rinderbrust, Zwiebeln, Rote Bete (Rote Rüben) und Kartoffeln – Abwandlungen sind üblich. Sämtliche Zutaten werden nach dem Kochen durch den Fleischwolf gedreht; der rötliche Brei wird dann mit Matjesfilets, Spiegelei und Bauernbrot serviert.

Beim pommerschen **Betenbarsch** handelt es sich nicht um ein Fischgericht, sondern um eine Gemüsesuppe mit Rindfleisch, die ihren Stich ins Rötliche der Roten Bete verdankt. Ebenfalls ein Klassiker der pommerschen Küche sind **Schmandklopse** mit Kapern, eng verwandt mit den aus Preußen stammenden Königsberger Klopsen. Auf Rügen gehört Schweinegulasch zu den Hausrezepten ebenso wie **Aalsuppe.** In Vorpommern züchtet man pommersche **Mastgänse.** Diese kommen gefüllt mit Kastanien und Äpfeln auf den Tisch. Typisch ist auch die Zubereitung als gebratene Gänsekeulen mit Rosenkohl. Das Gänseklein wird als Sülze serviert und nennt sich dann Gänseweißsauer. Hinter „Himmel und Erde" verbirgt sich Pommersche Blutwurst auf Kartoffelbrei.

Dessert: Eine wichtige Rolle in der Küche spielt **Sanddorn.** Nach Sanddorncreme mit Schlagsahne lecken sich auf Rügen die Nachtischfreunde die Finger. Ebenfalls ein Gedicht: Sanddorntorte und Sanddornwein.

Getränke: An der Ostsee trinkt man traditionell **Bier** – einst auch ein geschätztes Exportgut der Hansestädte. Die Brautradition lässt sich bis 1172 zurückverfolgen. 1827 gegründet, gehört das Bier der Störtebeker Braumanufaktur zu den bekanntesten Bieren an der Küste und ist mittlerweile auch deutschlandweit zu bekommen. Die Hanseatische Brauerei Rostock, gegründet 1878, gehört heute zur Radeberger Gruppe. Lokale Biere liegen im Trend, und so eröffnen an vielen Orten wieder kleine Brauereien. Im Jahr 1999 nahm das Ostsee Brauhaus in Kühlungsborn den Betrieb auf. Auf Schloss Mellenthin auf Usedom wird seit dem Jahr 2011 gebraut. 2016 eröffnete auf Rügen im Dörfchen Rambin die „Insel-Brauerei". Sie produziert obergärige Biere, Sauerbiere und das Rügener Kreidebier. Besichtigung der Brauerei ist möglich (www.insel-brauerei.de).

Reisezeit

Die meisten Urlauber strömen während der Sommerferienzeit im Juli und August an die Küste. Im August erreicht das Meer seine maximale Wassertemperatur von ca. 18 °C. Mit Regen muss auch im Sommer gerechnet werden. Schals, Mützen, Kopftücher oder sonstiger Windschutz sind ganzjährig zu empfehlen. Im September lässt der große Ansturm nach, die Hotelpreise sinken, die Straßen sind nicht mehr überlastet, trotzdem macht das Wetter meist noch mit; auch die Wassertemperaturen sind dann meist noch annehmbar. Vogelfreunde schätzen vor allem die Monate März/April und Sept. bis November, wenn Kranichbalz und Vogelzug anstehen. Ab November bis in den März fällt der Tourismusbetrieb in den Winterschlaf, kurz unterbrochen von der Weihnachts- und Silvesterzeit. Dennoch haben viele Betriebe auch im Winter geöffnet, übrigens eine lohnende Reisezeit: Wenn es krachend kalt wird, haben verschneite Strände und Eisschollen durchaus einen gewissen Reiz.

ist an der Ostseeküste möglich. Der Tourismusverband bietet auf seiner Internetseite unter www.auf-nach-mv.de/reiten umfangreiche Informationen.
Wandern: Alle Seebäder und Urlaubsorte haben zahlreiche kurze und lange Spazier- und Wanderstrecken ausgewiesen. Viele Routen stehen zum Download für GPS-fähige Smartphone bereit. Entlang der Küste verläuft ein Teilstück des Europäischen Fernwanderwegs E 9 (Atlantik– Nordsee–Ostsee). Auf Rügen beginnt der Europäische Fernwanderweg E 10, passiert die Mecklenburgische Seenplatte und führt Richtung Süden über Brandenburg bis ins italienische Bozen. Ein berühmter christlicher Pilgerweg ist der in Stralsund beginnende Jakobus-Pilgerweg der hl. Birgitta von Schweden; die Gesamtstrecke beträgt 206 km. Einen Überblick hat der Tourismusverband unter www.auf-nach-mv/wandern zusammengestellt; Fernwanderwege siehe auch unter www.wanderbares-deutschland.de.

Wer gerne auf Entdeckungstour geht, aber nicht auf herkömmlichen Wanderwegen laufen möchte, kann sich die Broschüre „Bodendenkmale auf der Insel Rügen" von der örtlichen Tourismusinformation geben lassen oder alle Informationen unter www.ruegen-inselinfo.de, Stichwort Bodendenkmale abrufen. Dort wird erläutert, wie man mit öffentlichen Verkehrsmitteln möglichst nah an vorgeschichtliche Großsteingräber, Opfersteine und slawische Wallanlagen fahren kann. Mithilfe der angegebenen GPS-Koordinaten findet man das Ziel recht zuverlässig. Herausgeber dieses Faltblatts ist der Landkreis Rügen.

Wassersport: Die Bademöglichkeiten sind enorm vielfältig, die Strände oft angenehm flach, sodass auch Kinder und Ältere bequem ins Wasser kommen. Strände, die die DLRG bewacht, werden beflaggt.

Segler, die nicht mit dem eigenen Boot unterwegs sind, können Boote fast in allen Klassen leihen. Die Internetseite www.ostsee-charter-yacht.de informiert rund ums Segeln, Mitsegeln und den Seewetterbericht. Einen Überblick bietet auch die Internetseite www.auf-nach-mv.de/maritim.de. Hier werden auch Trendsportarten wie Kitesurfen und SUP (stand up paddling) umfasst.

Tauchen ist an mehreren Küstenstädten möglich. Vor allem das Wracktauchen vor der Kreidefelsen-Küste Rügens hat seinen Reiz. Über Tauchbasen informiert der Tourismusverband unter www.auf-nach-mv.de/tauchen.

Unterkunft

Hotels und Ferienwohnungen: Traditionell ist die Ostseeküste von Mecklenburg-Vorpommern eine Hochburg des Ferienhaus-Tourismus. Auch Hotels und Pensionen finden sich in allen Preisklassen. Eine Auswahl finden Sie auf den Infoseiten.

Preiskategorien

€€€€	Doppelzimmer	über 150 €
€€€	Doppelzimmer	100–150 €
€€	Doppelzimmer	70–100 €
€	Doppelzimmer	unter 70 €

Ist die Küste im Sommer ausgebucht, hilft der Blick ins Hinterland. Dort ist es zudem deutlich billiger. Auch saisonal sind die Preisunterschiede enorm. Campingplätze und Jugendherbergen sind zwar preisgünstiger als Hotels, aber gemessen am übrigen Deutschland doch eher teuer.

Onlinebuchung von Hotels, Ferienwohnungen und Hausbooten, von Familienferien, Wellness-Aufenthalten und Urlaub auf dem Lande sind möglich über das Internetportal des Tourismusverbands Mecklenburg-Vorpommern www.auf-nach-mv.de.

Camping: Zelten war in dieser Region schon zu DDR-Zeiten äußerst beliebt. Heute steht eine große Zahl an Campingplätzen und Wohnmobilstellplätzen zur Verfügung, allerdings nicht auf Hiddensee. Auskunft erteilt der Verband für Camping- und Wohnmobiltourismus in Mecklenburg-Vorpommern (VCWMV e.V., Konrad-Zuse-Str. 2, 18057 Rostock, Tel. 0381/ 4 03 48 55, www.vcwmv.de).

Jugendherbergen: Allgemeine Auskünfte erteilt das DJH Service-Center Mecklenburg- Vorpommern, Konrad-Zuse-Straße 2, 18057 Rostock, Tel. 0381/77 66 70, www.jugendherbergen-mv.de. Jugendherbergen vor Ort (Auswahl): Jugendherberge Born-Ibenhorst mit Zeltplatz auf dem Darß (Ibenhorst 1, 18375 Born-Ibenhorst, Tel. 038234/2 29), Jugendherberge Stralsund (Strandstraße 21, 18439 Stralsund-Devin, Tel. 03831/49 02 89).

Geschichte

ab 3500 v. Chr.: Jungsteinzeit, erste Landwirtschaft. Großsteingräber werden angelegt.
4.–7. Jh.: Völkerwanderungszeit. Germanen verlassen das Gebiet, Slawen wandern ein.
983: Aufstand der Slawen gegen die sächsisch- deutschen Kaiser. Gründung der slawischen Obotriten-Festung Mecklenburg (Michelen- burg = Große Burg; erwähnt 995).
1160: Herzog Heinrich der Löwe von Sachsen und Bayern besiegt den Obotritenfürst Niklot; die slawische Bevölkerung wird zwangschristianisiert.
13.–17. Jh.: Hansezeit. Rostock (1218 gegr.), Wismar (1229 erw.), Stralsund (1234 gegr.), Greifswald (1248 erw.) und Anklam (1264 erw.) werden Hansestädte.
1370: Der Stralsunder Frieden beendet den Krieg zwischen Hanse und Dänemark um die Ostsee-Herrschaft.
1419: Gründung der Universität Rostock.
1456: Gründung der Universität Greifswald.
1534: Pommern wird protestantisch, 1549 folgt Mecklenburg.
1618–1648: Dreißigjähriger Krieg; Stralsund, Rügen, Usedom und Stettin schwedisch; auch Wismar, Neukloster und die Insel Poel.
1793: Gründung des ersten deutschen Seebads am Heiligen Damm bei Bad Doberan.
1815: Wiener Kongress, Vorpommern wird preußisch.
19. Jh.: Industrialisierung. 1850 Gründung der Rostocker Neptunwerft.
1885: Bau der ersten Seebrücke der Ostsee in Misdroy (heute Polen).
1914–1918: Erster Weltkrieg. Mecklenburg wird Republik, Pommern bleibt bei Preußen.
1939–1945: Zweiter Weltkrieg.
1942: Erster Raketenstart in Peenemünde. Einsatz der V2 bei Bombardierung von London, Antwerpen und Lüttich. Rostock, Stralsund und Wismar bombardiert und schwer zerstört.
1945: Deutschland kapituliert, die Rote Armee besetzt Ostdeutschland. Deutschland muss große Teile Pommerns an Polen abtreten, Vertreibung der dort lebenden Deutschen Oder wird neue Ostgrenze.
1945–1949: Großgrundbesitzer werden enteignet. Gründung der DDR am 7. Okt. 1949.
1974: In Greifswald-Lubmin nimmt das größte Kernkraftwerk Europas seinen Betrieb auf (Stilllegung 1995).
1989/1990: Mauerfall / Wiedervereinigung. Die DDR öffnet am 9. Nov. 1989 die Grenze nach Westen. Erste freie Wahl der Volkskammer im März 1990. Wiedervereinigung der beiden deutschen Staaten am 3. Okt. 1990.
ab 1990: Die DDR wird „abgewickelt". Zahlreiche Großunternehmen werden zahlungsunfähig, 50 000 Werftarbeiter demonstrieren an der Ostsee gegen ihre Arbeitslosigkeit.
2002: Stralsunds und Wismars Altstädte werden eine UNESCO-Welterbestätte.
2007: G8-Gipfel in Heiligendamm.
2008: In Stralsund eröffnet mit dem Ozeaneum der größte Museumsneubau Deutschlands.
2012: Eröffnung der Nord Stream Pipeline, die russisches Gas nach Europa bringt und bei Lubmin das Festland erreicht. Vor Fischland- Darß-Zingst Windpark Baltic 1 geht der Windpark Baltic 1 ans Netz.
2015: Inbetriebnahme von Windpark Baltic 2 vor Rügens Küste.
2016: SPD und CDU regieren gemeinsam. Ministerpräsidentin von Mecklenburg-Vorpommern ist seit 4. Juli 2017 Manuela Schwesig.
2018: Im Rostocker Zoo eröffnet das Polarium für Eisbären und Pinguine.
2020: Corona-Pandemie bringt Tourismus erst zum Erliegen, im Sommer Boom. Streit um Gaspipeline Nord Stream 2 mit Russland.

REGISTER

Fette Ziffern verweisen auf Abbildungen

A
Achterwasser **18/19**, 99, **102**, 105, 112
Ahlbeck 95, **99**, **100**, **102**, 106, 108, 111, 112, 113
Ahrenshoop **46**, 57, 53, **59**, 60, 61, 73, 91
Altenkirchen 92, 95
Althagen 61
Anklam 85, **100**, 101, 103, 105, 112, 113, 117, 118

B
Baabe (Ostseebad) **8/9**
Bad Doberan 29, 31, **32/33**, 35, 41, **42**, 116, 118
Bakelberg 47, 61
Bansin **96/97**, **98**, 99, 111, **118**
Barth 53, 61, 91, 101, 116
Bastorf 40, 79
Benz (Usedom) **18/19**, 104, **112**
Bergen (Rügen) 95, 116
Binz (Ostseebad) 22, 23, **72**, 73, 80, 81, **83**, 85, 94, **117**
Bodstedt **44/45**, 61
Boltenhagen (Ostseebad) **26**, **27**, **41**, 114
Bothmer (Schloss) **30**, 41

D
Darß 47, **46**, **48**, 49, **53**, 56, 59, 60, 61, 77, 117, 120
Darßer Ort 47, 49, **59**
Daskow 50
Dierhagen (Ostseebad) 60, 61
Dornbusch **86**, 88, 89, **120**

E/F/G
Eldena **70**, 76, 77
Fischland-Darß-Zingst 45, 47, 53, 59, 91, 116, 117, 118
Gelbensande (Schloss) 59
Göhren (Ostseebad) 22, 23, **83**, 94, 116
Graal-Müritz (Ostseebad) **59**
Granitz (Schloss) 84, 94
Greifswald 76, 113, 116, 117, 118, 120
Grevesmühlen 30
Groß Mohrdorf 22, 56, 76
Groß Siemen 31, 33, 42
Groß Zicker **82**
Gummanz 94

H
Heiligendamm 23, 27, **32/33**, 35, 39, 42, 43, 116, 118
Heringsdorf 23, 39, 91, 99, **100**, 111, **112**, 115, 117, 120
Hiddensee 76, 77, **85**, 87, **88**, **88/89**, **89**, **93**, 95, 116, 117, **120**

J/K
Jasmund (Halbinsel) 54, 56, 83, 87, **94**
Kaiserbäder 94, 111
Kamminke **102**, 112, 113
Kap Arkona 81, **86**, **87**, 93
Katzow (Skulpturenpark) **70**, 77
Klockenhagen 51, 52, 59
Kloster **85**, 87, 93
Klützer Winkel **26**, 27, 35, 41, 81, 114, 117
Königsstuhl 22, 56, **86**, 94
Koserow 91, **101**, **104**, 116
Kühlungsborn (Ostseebad) 23, 27, 33, 35, 42, 43, 81, 89, 116, 118

L
Lancken-Granitz 81
Langenwerder (Insel) 41
Lassaner Winkel 105, 113
Lauterbach 23, **82**, 95, 116
Lieper Winkel **102**, 105, 112
Lüttenort **101**, 111

M
Mellenthin (Schloss) 112, 115, 118
Międzyzdroje 106, 108
Misdroy 106, **108**, 113, 118
Mönchgut (Halbinsel) 23, **82**, **94**

N/P
Neubukow 31
Neuendorf 87
Peenemünde 76, 91, **101**, 103, 111, 118
Peenestrom 105, 108, 112
Poel (Insel) **27**, 41, 117, 118
Pramort 49, 56, 61
Prerow **48**, 60, 61, 91, 114
Prora (Seebad) 83, 94
Putbus 23, 54, 81, **82**, **83**, 94, 95, 116
Putgarten 82, 93

R
Recknitztal **18/19**, **50**, **50/51**
Rerik (Ostseebad) 27, 29, 31, 42
Ribnitz-Damgarten 50, **52**, 53, 56, 59, 77, 117
Rostock 22, **24/25**, **34–37**, 39, 42, 43, 45, 47, 65, 90, 91, 116, 117, 118
Rügen **8/9**, **12/13**, 22, 23, 25, 49, **54**, 56, 65, 69, 71, 73, 75, 76, **78–87**, 91, 93, **94**, 95, **116**, **117**, 118, 119

S
Sassnitz 22, 69, 73, 83, 93, 94
Schaprode 22, 95, 116
Sellin (Ostseebad) **20/21**, 22, 23, 77, **78/79**, 80, **83**, 91, 94, 95, 116
Stettiner Haff **18/19**, **20/21**, 61, 87, 101, **102**, 108, **113**, **118**
Stralsund **10/11**, **14/15**, 17, 22, 23, 41, 45, 60, **62–67**, 68, **73**, **75**, 76, 88, 90, 113, 116, 117, 118, 120

Stubbenkammer 86
Suhrendorf 95
Swinemünde/ Świnoujście 85, 89, 99, 106, **106**, 108, 112, 113

T/U/V
Timmendorfer Strand 27
Torgelow **105**, 113
Usedom 13, **18/19**, 23, 53, 61, 69, 77, 85, 87, 90, 91, **96–103**, 105, **106**, 108, 112, 113, 115, 116, 117, **118**, 119
Vilm (Insel) 56, 95
Vitte 87, **93**

W
Warnemünde (Seebad) **12/13**, 27, **32**, **33**, 35, 37, 39, 42, 43, 73, 120
Werder (Insel) 61
Wismar **16/17**, 23, 27, **28**, **29**, 41
Wissower Klinken 22, 83
Wolgast **70**, 71, 76, 77, 119
Wollin (Insel) 91, 99, 101, **108**
Wustrow 29, **47**, 59, 60, 61

Z
Zecherin 93, 113, 116
Zingst 47, 49, 60, **61**, 61, 73
Zinnowitz 53, 61, **98**, 99, 101, 111, **120**

Impressum

4. Auflage 2021
© DuMont Reiseverlag, Ostfildern

Verlag: DuMont Reiseverlag, Postfach 3151, 73751 Ostfildern, Tel. 0711/45 02-0, Fax 0711/4502-135, www.dumontreise.de
Geschäftsführer: Dr. Stephanie Mair-Huydts, Markus Schneider
Programmleitung: Birgit Borowski
Text: Dina Stahn, Stuttgart
Exklusiv-Fotografie: Olaf Meinhardt, Kreuzkamp
Titelbild: lookphotos/Sabine Lubenow (Heringsdorf auf Usedom)
Zusätzliches Fotomaterial: S. 8/9 TerraVista/Lookphotos, 22 Heinz Wohner/ Lookphotos, 23 o.M. picture alliance/blickwinkel, 23 o.l./o.r. Ralf Brunner/laif, 23 u.l./r. Adler-Schiffe, 31 u. picture alliance/akg-images. 75 o., 75 u.l., 76 u., 84 DuMont-Bildarchiv/Sabine Lubenow, 90 u.l. Festspiele Mecklenburg-Vorpommern/Monika Lawrenz, 90 u.r. Festspiele Mecklenburg-Vorpommern, 91 u.l. Vineta-Festspiele, 91 u.r. Hanse Sail/Lutz Zimmermann, 93 u.r. Andreas Hub/laif, 93 u.l. DuMont-Bildarchiv/ Sabine Lubenow, 94 o.r. DuMont-Bildarchiv/ Sabine Lubenow, 95 r. DuMont-Bildarchiv/Roland E. Jung, 101 u. DuMont-Bildarchiv/Johann Scheibner, 112 o.r. Georg Knoll/laif, 112 u.l. DuMont-Bildarchiv/Roland E. Jung, 114 u.l. Kinder- & Familienhotel Gut Nisdorf, 114 u.r. Gutshof Insel Usedom, 115 o.l. Ginko Mare, 115 o.r. Gutshof Insel Usedom, 115 M.l. Kinder- & Familienhotel Gut Nisdorf, 115 M.r. Gutshaus Stellshagen, 115 u.l. Gutshaus Stellshagen, 115 u.r. Haus Gaia, 119 DuMont-Bildarchiv/Sabine Lubenow, 120 r. Dina Stahn, 120 l. DuMont-Bildarchiv/Sabine Lubenow, 121 o.l., o.r., u.l. DuMont-Bildarchiv/ Sabine Lubenow

Grafische Konzeption, Art Direktion: fpm factor product münchen
Cover Gestaltung, Layout: CYCLUS · Visuelle Kommunikation, Stuttgart
Kartografie: © MAIRDUMONT GmbH & Co. KG, Ostfildern
Kartografie Lawall (Karten für „Unsere Favoriten")
DuMont Bildarchiv: Marco-Polo-Straße 1, 73760 Ostfildern, Tel. 0711/4502-0, bildarchiv@dumont.com

Für die Richtigkeit der in diesem DuMont Bildatlas angegebenen Daten – Adressen, Öffnungszeiten, Telefonnummern usw. – kann der Verlag keine Garantie übernehmen. Nachdruck, auch auszugsweise, nur mit vorheriger Genehmigung des Verlages. Erscheinungsweise: jeden zweiten Monat.

Anzeigenvermarktung: MAIRDUMONT MEDIA, Tel. 0711 450 2-0, Fax 0711 45 02 10 12, media@mairdumont.com, http://media.mairdumont.com
Vertrieb Zeitschriftenhandel: PARTNER Medienservices GmbH, Postfach 810420, 70521 Stuttgart, Tel. 0711 72 52-212, Fax 0711 72 52-320
Vertrieb Abonnement: Leserservice DuMont Bildatlas, Zenit Pressevertrieb GmbH, Postfach 810640, 70523 Stuttgart, Tel. 0711 7252-265, Fax 0711 7252-333, dumontreise@zenit-presse.de
Vertrieb Buchhandel und Einzelhefte: MAIRDUMONT GmbH & Co. KG, Marco-Polo-Straße 1, 73760 Ostfildern, Tel. 0711 45 02 0, Fax 0711 45 02 340
Reproduktionen: PPP Pre Print Partner GmbH & Co. KG, Köln
Druck und buchbinderische Verarbeitung: NEEF + STUMME GmbH, Wittingen
Printed in Germany

WAS NEHME ICH MIT

Urlaub erinnern ...

Jede Reise schenkt ihre ganz eigenen Erlebnisse. Manches bleibt Wochen, vielleicht sogar Jahre im Gedächtnis und macht Lust, wiederzukommen.

ZEITLOSE SEE

Einfach nur am Strand sitzen, die Beine in den Sand stemmen und aufs Wasser schauen. Nichts, was den Blick anzieht, blau das Wasser, blau der Himmel, das Ohr lauscht aufs Rauschen der Wogen und das helle Kollern der Steinchen beim Rückzug der Wellen. Nichts tun. Nichts denken. Nichts planen. Stille einkehren lassen. Urlaub.

AUTOFREI

Hiddensee ist autofrei. Doch wie das Gepäck ins Hotel bringen? Ganz einfach: mit den am Fährhafen bereitstehenden Handkarren der gebuchten Unterkunft. Auf diese Weise erst einmal zu Fuß durchs Dorf zu ziehen heißt, sich sofort mit den Örtlichkeiten vertraut zu machen, Cafés und Restaurants zu entdecken und nette Läden zum Wiederkommen vorzumerken. So fix geht Ankommen selten.

GANZ SCHÖN DREIST

Möwen sind intelligente Vögel. Sie haben schnell gelernt, dass die Zweibeiner sehr feine Sachen „to go" durch die Gassen tragen. Und dass diese wandelnden Brötchenhalter ziemlich träge sind, an Möwenmaßstäben gemessen. Also einfach blitzschnell sein, im Vorbeiflug den Fisch aus dem Heringsbrötchen ziehen – und weg ist der dreiste Mundräuber. Der Mensch bleibt perplex zurück – und hat die perfekte Story für daheim.

HARTE TATSACHEN

Feuersteine – auf Rügen liegen sie bei Mukran zu Tausenden. Als solide und haltbare Erinnerungsstücke schlagen die grau-weißen, seltsam geformten, harten Brocken jede zerbrechliche Muschel. Und es macht Spaß, auf den Feuersteinfeldern nach dem skurrilsten Stück zu suchen.

GENUSS IM KORB

An der Ostsee erlebte ich meine Einweihung in Sachen Strandkorb. Als Süddeutsche mit Hang zum Mittelmeer erschloss sich mir der Sinn des sperrigen Möbels zunächst nicht. Vor Ort an den windig-frischen nördlichen Gefilden dafür umso mehr! Wärme, Schutz, eine bequeme Geborgenheit, dazu Aussicht und Abstand vom Nachbarn. Herrlich!

ALLES SO SCHÖN BUNT HIER

Bernstein, das fossile Baumharz aus dem Meer, kommt in vielen Farbvarianten vor. In honiggelben bis zu fast dunkelroten Nuancen leuchten die organisch geformten Steine. Viele Schmuckateliers an der Küste fertigen daraus Schmuck und nette kleine Mitbringsel.

»IN DEN WEISSEN DÜNENSAND/ WELL' AUF WELLE GLEITET./ UNAUFHÖRLICH BLÄST DAS MEER...«

Gerhart Hauptmann über Hiddensee

BIER MIT TRADITION

Störtebeker aus Stralsund gehört zu den bekanntesten und ältesten Biermarken an der Ostseeküste. Schon zu Zeiten der Hanse verdienten sich Stralsunder Braumeister eine goldene Nase mit Exporten nach Dänemark und Norwegen. Heute räumt die Störtebeker Braumanufaktur mit historischen Braurezepten immer wieder Preise bei Verkostungen ab. Klassiker wie Keller-Bier 1402, Baltik Lager und Atlantik-Ale tragen Tradition und Regionaliät bereits im Namen. Schmeckt abends am Strand bei Sonnenuntergang und weckt beim heimischen Grillfest auch noch lange nach dem Urlaub schönste Erinnerungen.

HERING SATT

Ein Muss: den Bismarckhering kosten, sodass man künftig mitfachsimpel kann. Zwar nicht über die umstrittene Herkunft des Originalrezepts, das je nach Überlieferung in Stralsund oder Flensburg kreiert wurde, aber über den Geschmack!

KRAFTORTE

Den einen gelten sie als wertvolle Zeugnisse der Vergangenheit, für die anderen sind sie sogar geheimnisvolle Kraftorte unter ehrwürdigen Eichen. Abgeschieden im Hinterland haben jahrtausendealte Großsteingräber überdauert. Die besondere Stimmung dort lädt zum Ausruhen und Nachdenken ein – und bleibt lange im Gedächtnis.

LUST AUF MEHR ...

Rügen ist natürlich erste Klasse, Usedom ja sowieso. Auf Hiddensee, der Insel mit dem etwas träumerischen Charakter, wäre ich gerne viel länger geblieben. Da bleibt nur: Wiederkommen!

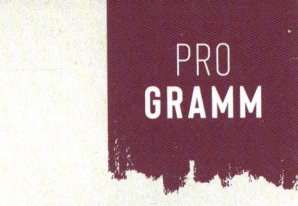

PROGRAMM

PORTO
PORTUGAL NORDEN

Die Schöne am Douro
Lange im Schatten Lissabons hat sich Porto in den letzten Jahren in der ersten Riege der weltweiten Topreiseziele einen Platz gesichert. Und das zu Recht! Sehen Sie selbst!

Mittelalter live
Abseits der Küsten scheint in Nordportugal die Zeit stillzustehen – ein Besuch in den „historischen Dörfern" zwischen Coimbra und Porto ist ein besonderes Erlebnis.

OSTSEEKÜSTE
SCHLESWIG-HOLSTEIN

Meeresrauschen
Zwischen Flensburger Förde und Lübecker Bucht warten 384 km herrlicher Küstenlandschaft auf Sie – mit Meeresrauschen und Möwengeschrei.

Sundowner am Strand
Was gibt es Schöneres als nach einem Strandtag noch am Meer zu bleiben. Wir stellen die besten Beach Bars für einen Sundowner vor.

www.dumontreise.de

LIEFERBARE AUSGABEN

DEUTSCHLAND
- 207 Allgäu
- 216 Altmühltal
- 220 Bayerischer Wald
- 180 Berlin
- 162 Bodensee
- 217 Brandenburg
- 175 Chiemgau, Berchtesg. Land
- 013 Dresden, Sächsische Schweiz
- 152 Eifel, Aachen
- 157 Elbe und Weser, Bremen
- 168 Franken
- 020 Frankfurt, Rhein-Main
- 112 Freiburg, Basel, Colmar
- 028 Hamburg
- 026 Hannover zw. Harz und Heide
- 042 Harz
- 023 Leipzig, Halle, Magdeburg
- 210 Lüneburger Heide, Wendland
- 188 Mecklenburgische Seen
- 038 Mecklenburg-Vorpommern
- 033 Mosel
- 190 München
- 047 Münsterland
- 223 Nordseeküste Schleswig-Holstein
- 006 Oberbayern
- 161 Odenwald, Heidelberg
- 035 Osnabrücker Land, Emsland
- 002 Ostfriesland, Oldenburger Land
- 164 Ostseeküste Mecklenburg-Vorpommern
- 154 Ostseeküste Schleswig-Holstein
- 201 Pfalz
- 040 Rhein zw. Köln und Mainz
- 185 Rhön
- 186 Rügen, Usedom, Hiddensee
- 206 Ruhrgebiet
- 149 Saarland
- 182 Sachsen
- 159 Schwarzwald Norden
- 045 Schwarzwald Süden
- 018 Spreewald, Lausitz
- 008 Stuttgart, Schwäbische Alb
- 141 Sylt, Amrum, Föhr
- 204 Teutoburger Wald
- 170 Thüringen
- 037 Weserbergland
- 173 Wiesbaden, Rheingau

BENELUX
- 156 Amsterdam
- 011 Flandern, Brüssel
- 179 Niederlande

FRANKREICH
- 177 Bretagne
- 021 Côte d'Azur
- 032 Elsass
- 009 Frankreich Süden Okzitanien
- 019 Korsika
- 213 Normandie
- 001 Paris
- 198 Provence

GROSSBRITANNIEN/IRLAND
- 187 Irland
- 202 London
- 189 Schottland
- 227 Südengland

ITALIEN/MALTA/KROATIEN
- 181 Apulien, Kalabrien
- 211 Gardasee
- 222 Golf von Neapel, Kampanien
- 163 Istrien, Kvarner Bucht
- 215 Italien, Norden
- 005 Kroatische Adriaküste
- 167 Malta
- 155 Oberitalienische Seen
- 158 Piemont, Turin
- 014 Rom
- 165 Sardinien
- 003 Sizilien
- 203 Südtirol
- 039 Toskana
- 091 Venedig, Venetien

GRIECHENLAND/ZYPERN/TÜRKEI
- 034 Istanbul
- 016 Kreta
- 176 Türkische Südküste, Antalya
- 148 Zypern

MITTEL- UND OSTEUROPA
- 104 Baltikum
- 208 Danzig, Ostsee, Masuren
- 169 Krakau, Breslau, Polen Süden
- 044 Prag
- 193 St. Petersburg

ÖSTERREICH/SCHWEIZ
- 192 Kärnten
- 004 Salzburger Land
- 196 Schweiz
- 226 Tirol
- 197 Wien

SPANIEN/PORTUGAL
- 043 Algarve
- 214 Andalusien
- 150 Barcelona
- 025 Gran Canaria, Fuerteventura, Lanzarote
- 172 Kanarische Inseln
- 199 Lissabon
- 209 Madeira
- 174 Mallorca
- 225 Porto, Nordportugal
- 007 Spanien Norden, Jakobsweg
- 219 Teneriffa, La Palma, La Gomera, El Hierro

SKANDINAVIEN/NORDEUROPA
- 166 Dänemark
- 212 Finnland
- 153 Hurtigruten
- 029 Island
- 200 Norwegen Norden
- 178 Norwegen Süden
- 151 Schweden Süden, Stockholm

LÄNDERÜBERGREIFENDE BÄNDE
- 224 Donau – Von der Quelle bis zur Mündung
- 112 Freiburg, Basel, Colmar
- 221 Kreuzfahrt in der Ostsee

AUSSEREUROPÄISCHE ZIELE
- 183 Australien Osten, Sydney
- 109 Australien Süden, Westen
- 218 Bali, Lombok
- 195 Costa Rica
- 024 Dubai, Abu Dhabi, VAE
- 160 Florida
- 036 Indien
- 205 Iran
- 027 Israel, Palästina
- 111 Kalifornien
- 031 Kanada Osten
- 191 Kanada Westen
- 171 Kuba
- 022 Namibia
- 194 Neuseeland
- 041 New York
- 184 Sri Lanka
- 048 Südafrika
- 012 Thailand
- 046 Vietnam